Pratique bancaire en zone CEMAC

Les impliqués
Éditeur

Fondée en 2014, notre maison d'édition se consacre à la publication d'ouvrages relevant de divers domaines : littérature, récits personnels, premiers romans et nouvelles, essais en sciences humaines, religion, économie, etc.

Les impliqués ont pour vocation de publier, après sélection, les manuscrits qui leur sont confiés. Ils proposent ainsi aux auteurs de faire de leur projet d'écriture une réalité et d'éditer, après une réelle collaboration avec eux, leur ouvrage issu de leurs souvenirs, de leur imagination, de leurs rêves, de leur recherche ou encore de leur travail.

Prince Odilon Tomandji Nzapaham

Pratique bancaire en zone CEMAC

Les impliqués
Éditeur

Du
même auteur :

L'éthique dans l'arbitrage international

Précis du cadre règlementaire et institutionnel de la supervision bancaire en Afrique Centrale

5-7, rue de l'École-Polytechnique – 75005 Paris
www.lesimpliques.fr
contact@lesimpliques.fr
ISBN : 979-10-428-0065-9
EAN : 9791042800659
Pour l'envoi de vos manuscrits : voir à la fin de cet ouvrage

SOMMAIRE

AVANT- PROPOS

Ce présent ouvrage est un guide à la disposition des professionnels de banque et de toute personne intéressée par ce secteur. Il contient les informations nécessaires à la pratique de la profession bancaire dans l'espace CEMAC.

De ce point de vue, ce livre constitue une véritable « boite à outils » contenant les réponses pratiques aux préoccupations des acteurs de l'industrie bancaire et du grand public concernant le métier de banque.

Concevoir un guide de pratique bancaire n'est pas un exercice facile en raison de la complexité de ce secteur. Il fallait sortir des sentiers battus pour atteindre cet objectif. C'est la modeste ambition de ce livre, premier du genre dans la littérature bancaire de la CEMAC, partageant une vision à 360° des règles qui régissent cette profession.

A travers deux parties consacrées successivement aux conditions d'accès et d'exercice de l'activité bancaire en zone CEMAC, ce livre permet d'appréhender davantage les contours de la profession bancaire dans cette juridiction.

Nous souhaitons aux lecteurs, le meilleur usage de ce guide, au bénéfice d'une intégration bancaire agissante et résiliente dans notre sous-région.

L'auteur,
Prince Odilon TOMANDJI NZAPAHAM

INTRODUCTION

Au sens de l'article 2 de l'Annexe à la Convention du 16 octobre 1990, portant création d'une Commission Bancaire de l'Afrique Centrale et de l'article 4 de l'Annexe à la Convention du 17 janvier 1992, portant harmonisation de la réglementation bancaire dans les Etats de l'Afrique Centrale, « les établissements de crédit sont les organismes qui effectuent à titre habituel des opérations de banque ». Communément appelé « banque », un établissement de crédit est une institution financière qui exerce, pour son propre compte, et à titre de profession habituelle, les activités bancaires.

A/ Les activités des établissements de crédit

Les activités des établissements de crédit comprennent les opérations de banque (activités principales) et les opérations connexes (activités accessoires).

1/ Les opérations de banque : activités principales des établissements de crédit

Les opérations de banque constituent l'activité principale des établissements de crédit. Elles sont énumérées à l'article 2 de l'Annexe à la Convention du 16 octobre et l'article 4 de l'Annexe à la Convention du 17 janvier 1992. Elles comprennent : la réception de fonds du public, l'octroi de crédits, la délivrance de garanties en faveur d'autres établissements de crédit, la mise à la disposition de la clientèle et la gestion de moyens de paiement.

Sont considérés comme **fonds reçus du public**, les fonds que l'établissement de crédit recueille d'un tiers (sa clientèle), notamment sous forme de dépôts, avec le droit d'en disposer pour son propre compte, mais à charge pour cet établissement de les restituer.

Constitue une opération de **crédit** tout acte par lequel l'établissement de crédit agissant à titre onéreux met ou promet de mettre des fonds à la disposition d'une autre personne (sa clientèle) ou prend, dans l'intérêt de celle-ci, un **engagement par signature** tel qu'un aval, un cautionnement, ou une garantie. Sont assimilés à des opérations de crédit, le crédit-bail, et, de manière générale, toute opération de location assortie d'une option d'achat.

Sont considérés comme **moyens de paiement** tous les instruments, qui, quel que soit le support ou le procédé technique utilisé, permettent à toute personne de transférer des fonds (chèques, cartes bancaires etc.).

2/ Les opérations connexes : activités accessoires des établissements de crédit

Les opérations connexes constituent l'activité accessoires des établissements de crédit et sont énumérées aux articles 8 et 9 de l'Annexe à la Convention de 1992. En effet, les établissements de crédit, en sus de leurs activités principales (les opérations de banques), peuvent également effectuer les opérations connexes telles que : les opérations de change ; les opérations sur or, métaux précieux et pièces ; la location de compartiments de coffres-forts ; le placement, la souscription, l'achat, la gestion, la garde et la vente de valeurs mobilières de tout produit financier ; le conseil et l'assistance en matière de gestion de patrimoine ou financière, l'ingénierie financière, et d'une manière générale tous les services destinés à faciliter la création et le développement des entreprises; les opérations de location simple de biens mobiliers ou immobiliers pour les établissements habilités à effectuer des opérations de crédit-bail.

Par ailleurs, les établissements de crédit peuvent prendre ou détenir, sous certaines conditions, des participations dans les entreprises ou exercer à titre habituel une activité autre que les opérations de banques.

B/ La classification des établissements de crédit

Le Règlement COBAC R-2009/02 du 1er avril 2009, portant fixation des catégories des établissements de crédit, de leur forme juridique et des activités autorisées prévoit que les établissements de crédit sont agréés en qualité de : banques universelles ; banques spécialisées ; sociétés financières ou institutions financières spécialisées.

1/ Les banques universelles

Les banques universelles sont des établissements bancaires habilités d'une façon générale à recevoir tout fond du public. Elles peuvent effectuer toutes opérations de banque et toutes opérations connexes.

2/ Les banques spécialisées

Les banques spécialisées sont des établissements bancaires habilités d'une façon générale à recevoir tout fond du public. Elles se distinguent par le caractère spécifique ou restrictif de leur champ d'activités. Elles réalisent les opérations de banques dans la limite de la décision d'agrément qui les concernent ou des dispositions statutaires, législatives et réglementaires qui leur sont propres, dans le respect toutefois des prescriptions communes de la réglementation bancaire.

3/ Les sociétés financières

Les sociétés financières sont les établissements financiers qui ne peuvent recevoir des fonds du public à vue et à moins de deux ans de terme. Elles assurent le financement de leurs activités par leurs capitaux propres, des emprunts auprès des autres établissements de crédit, sur les marchés de capitaux ou toute autre voie non contraire à la loi.

Elles réalisent les opérations de banques résultant de la décision d'agrément qui les concernent ou des dispositions statutaires, législatives et réglementaires qui leur sont propres.

4/ Les institutions financières spécialisées

Les institutions financières spécialisées sont des établissements financiers qui ne peuvent recevoir des fonds du public à vue et à moins de deux ans de terme. Elles assument une mission d'intérêt public décidée par l'Autorité nationale. Les modalités de financement de leurs activités, ainsi que les opérations bancaires, connexes et non bancaires autorités sont régies par des textes législatifs et réglementaires qui leur sont propres, dans le respect toutefois des prescriptions communes de la réglementation bancaire.

C/ La forme juridique des établissements de crédit

Aux termes de l'article 7 du Règlement COBAC R-2009/02, les établissements de crédit (banques universelles ; banques spécialisées ; sociétés financières ; institutions financières spécialisées) sont constitués obligatoirement sous la forme juridique de société anonyme (SA), avec conseil d'administration, au sens de l'Acte uniforme OHADA relatif au droit des sociétés commerciales et du GIE. Cette disposition est reprise par l'article 5 du règlement n°02/15/CEMAC/UMAC/COBAC du 27 mars 2015, modifiant et complétant certaines conditions relatives à l'exercice de la profession bancaire dans la CEMAC.

La société anonyme est une société dans laquelle les actionnaires ne sont responsable des dettes sociales qu'à concurrence de leurs apports et dont les droits des actionnaires sont représentés par des actions. Elle est organisée autour d'une assemblée générale, d'un conseil d'administration et d'une direction générale.

D/ Le capital social minimum des établissements de crédit

S'agissant du capital social minimum des établissements de crédit, le règlement COBAC R-2009/01, du 1er avril 2009, portant fixation du capital social minimum des établissements de crédit indique que :

- Pour les **établissements bancaires** (banques universelles et banques spécialisées), leur capital social minimum est égal à **10 milliards de FCFA** (*art. 1er du Règlement COBAC R-2009/01*) ;
- Pour les **établissements financiers** (sociétés financières et institutions financières spécialisées), leur capital social minimum est égal à **2 milliards de FCFA** (*art. 2 du Règlement COBAC R-2009/01*).

E/ Les Sources du droit bancaire dans la CEMAC

Il existe trois principales sources du droit bancaire dans la CEMAC, à savoir la source internationale ; la source communautaire et la source nationale.

1/ La source internationale

Elles renvoient, notamment aux principes et recommandations du Comité de Bâle qui est une organisation qui joue un rôle important dans la régulation des banques. Créé en 1974 ce Comité, dont les réunions ont lieu au siège de la Banque des

Règlements Internationaux (BRI) à Bâle en Suisse a pour principales missions de promouvoir et diffuser de meilleures pratiques bancaires dans le monde. À cet effet, il formule des principes et recommandations dans le domaine du contrôle prudentiel des banques à l'attention des régulateurs bancaires nationaux ou communautaires.

Le comité de Bâle ne possède aucun pouvoir d'autorité supranationale. Les décisions prises par ce comité n'ont pas force exécutoire, mais sont des recommandations. Pour cela, le comité de Bâle compte sur les Etats membres à faire adopter par leur juridiction intérieure compétente les normes qu'il a préconisées.

Le Comité de Bâle est composé des représentants des autorités de supervision bancaire et de banques centrales de 27 pays développés ou émergents, dont la France, le Royaume-Uni, l'Allemagne, l'Italie, l'Espagne, le Japon, la Suisse, le Brésil, la Russie et les États-Unis. Les principaux accords de Bale sont Bâle I (1988), Bâle II (2004), Bâle III (2010).

En zone CEMAC, l'Autorité de régulation bancaire qui est la Commission Bancaire de l'Afrique Centrale (COBAC), s'inspire des principes et des recommandations du Comité de Bâle lors de l'élaboration de la règlementation bancaire applicable aux établissements de crédit. A cet effet, elle transpose dans la règlementation bancaire de la CEMAC les bonnes pratiques et les évolutions règlementaires préconisées par le Comité de Bâle, afin de rendre conforme le cadre règlementaire de la CEMAC aux meilleurs standards internationaux en matière de contrôle bancaire.

2/ La source communautaire

La source communautaire est la principale source du droit bancaire dans la CEMAC. En effet, en Afrique Centrale, l'Autorité de régulation de l'activité bancaire est la COBAC. Son siège est établi à Libreville en République Gabonaise. La COBAC est un organe de la CEMAC, créée par la Convention du 16 octobre 1990 portant création d'une Commission Bancaire de l'Afrique Centrale et son Annexe.

Elle est chargée de veiller au respect par les établissements de crédit des dispositions législatives et réglementaires édictées par les Autorités nationales, par la Banque Centrale ou par elle-même et de sanctionner les manquements constatés.

Plus spécifiquement, la COBAC contrôle les conditions d'exploitation des Etablissements de crédit, veille à la qualité de leur situation financière ainsi qu'à l'intégrité du système bancaire et financier et assure le respect des règles déontologiques de la profession.

La compétence de la COBAC s'étend sur les établissements ci-après :

> - **Établissements de crédit** (Convention du 17 janvier 1992 portant harmonisation de la réglementation bancaire dans les Etats de l'Afrique Centrale et son Annexe et le Règlement N°02/15/CEMAC/UMAC/COBAC modifiant et complétant certaines conditions relatives à l'exercice de la profession bancaire dans la CEMAC du 27 mars 2015 et ses textes d'application) ;

- **Etablissements de microfinance** (Règlement n°01/17/CEMAC/ UMAC/COBAC relatif aux conditions d'exercice et de contrôle de l'activité de microfinance dans la CEMAC du 27 septembre 2017) ;
- **Holdings financières** (Règlement N°01/15/CEMAC/UMAC/COBAC relatif à la supervision des holdings financières et à la surveillance transfrontière du 27 mars 2015) ;
- **Etablissements de paiement** (Règlement N°04/18/CEMAC/UMAC/ COBAC relatif aux services de paiement dans la CEMAC du 21 décembre 2018 et ses textes subséquents) ;
- **Bureaux de change** (Règlement n°02/18/CEMAC/UMAC/COBAC portant règlementation des changes dans la CEMAC du 21 décembre 2018 et ses textes subséquents) ;
- **Intermédiaires en opérations de banque** (Règlement COBAC R-2023/02 relatif aux conditions d'exercice et de contrôle de l'activité d'intermédiaire en opérations de banque dans la Communauté Economique et Monétaire de l'Afrique Centrale du 19 décembre 2023).

Pour accomplir sa mission de régulateur de l'activité bancaire dans la CEMAC, la COBAC dispose de quatre pouvoirs : le pouvoir réglementaire ; le pouvoir administratif ; le pouvoir de contrôle et le pouvoir disciplinaire (appelé aussi pouvoir de sanction ou pouvoir juridictionnel).

a/ Le pouvoir réglementaire de la COBAC

Le pourvoir réglementaire de la COBAC est de nature prudentielle et comptable. La COBAC édicte les normes prudentielles et comptables applicables aux établissements assujettis à travers les règlements, les instructions, les lettres circulaires et les décisions qu'elle adopte. Ces normes portent, notamment sur l'administration ; la gestion ; le gouvernement d'entreprise ; le contrôle interne ; le contrôle externe ; la gestion des risques ; la lutte contre le blanchiment des capitaux et le financement du terrorisme ; la protection des consommateurs de services bancaires ; le capital social minimum des établissements assujettis; le respect des règles de la liquidité, la solvabilité, l'équilibre de la situation financière et la pérennité des banques ; le plan comptable des établissements de crédit etc.

b/ Le pouvoir administratif de la COBAC

Le pouvoir administratif confère à la COBAC la charge de délivrer les avis conformes, en vue d'agrément des établissements de crédit, de leurs dirigeants et commissaires aux comptes (à l'exception des bureaux de change dont l'avis conforme est délivré par la Banque Centrale). Elle est habilitée à autoriser ou non les modifications significatives et non significatives de situation juridique des établissements assujettis, à travers les procédures d'autorisation préalable, d'information préalable et de notification d'information. Enfin, le pouvoir administratif permet à la COBAC de prendre des mesures préventives pour le traitement des établissements assujettis en difficulté.

c/ Le pouvoir de contrôle de la COBAC

Le contrôle de la COBAC s'effectue sur place et sur pièces auprès des établissements assujettis. Elle est habilitée à demander aux établissements de crédit et à leurs commissaires aux comptes tous renseignements ou justificatifs utiles à l'exercice de sa mission. Elle rend compte aux Autorités monétaires nationales des suites de ses enquêtes.

d/ Le pouvoir disciplinaire de la COBAC

Aussi appelé pouvoir de sanction ou pouvoir juridictionnel, le pouvoir disciplinaire permet à la COBAC de sanctionner les établissements de crédit, leurs dirigeants et commissaires aux comptes en cas de manquement dans l'exercice de leurs activités. Ce pouvoir est exercé dans le cadre d'une procédure disciplinaire, contradictoire et mise en œuvre lors des sessions disciplinaires de la COBAC. A l'issue de la procédure disciplinaire, la COBAC peut prononcer deux types de sanctions : disciplinaire et/ou pécuniaire à l'encontre de la personne physique ou morale fautive.

En vertu de son pouvoir de disciplinaire, la COBAC rend des décisions à caractère juridictionnel, en premier ressort, à l'encontre des établissements de crédit, leurs dirigeants et commissaires aux comptes, susceptibles de recours exclusivement devant la Cour de Justice Communautaire (CJC) de la CEMAC à N'Djamena au Tchad.

3/ La source nationale

En ce qui concerne la source nationale du droit bancaire dans le CEMAC, les Comités Nationaux Economiques et Financiers (CNEF), institués dans chaque Etat de la CEMAC par le règlement n°03/2019/CEMAC/ UMAC/CM du 12 décembre 2019 portant création, organisation et fonctionnement des Comités Nationaux Economiques et Financiers dans la CEMAC, jouent un rôle important dans la règlementation bancaire.

Créés en remplacement des Conseils Nationaux du Crédit (CNC), les CNEF sont chargés des questions liées à l'évolution du secteur bancaire, financier, économique et monétaire national. En particulier, les CNEF proposent des mesures, sous réserve des compétences de la BEAC et de la COBAC, visant, notamment à améliorer les relations entre les établissements de crédit et leur clientèle.

En outre, les CNEF étudient et proposent aux Ministères en charge de la monnaie et du crédit toutes mesures à caractère général, notamment de nature à stimuler la mobilisation de l'épargne nationale par le système bancaire et financier ; favoriser l'inclusion financière ; améliorer l'accessibilité, la lisibilité et la compréhension des informations destinées aux consommateurs de services financiers ; renforcer l'efficience du système bancaire et financier et perfectionner l'organisation et les méthodes

Le CNEF est présidé par le Ministre en charge de la monnaie et du crédit (en général le Ministre en charge des finances et du budget). Il dispose d'un secrétariat Général, logé dans les locaux de la Direction nationale de la BEAC de chaque Etat membre de la CEMAC. Le Directeur national de la BEAC est le Secrétaire Général du CNEF.

PARTIE 1 : L'ACCES A L'ACTIVITE BANCAIRE EN ZONE CEMAC

CHAPITRE 1 : L'OBTENTION D'UN AGREMENT PREALABLE

L'exercice de l'activité d'établissement de crédit, des fonctions de directeur général, de directeur général adjoint, de commissaire aux comptes (personne physique et morale) d'un établissement de crédit en zone CEMAC est subordonné à l'agrément de l'Autorité monétaire, délivré après avis conforme de la COBAC.

Le Règlement n°02/15/CEMAC/UMAC/COBAC du 27 mars 2015, modifiant et complétant certaines conditions relatives à l'exercice de la profession bancaire dans la CEMAC et ses textes subséquents encadrent les modalités de délivrance d'agrément pour l'exercice de l'activité d'établissement de crédit, des fonctions de directeur général, de directeur général adjoint, de commissaire aux comptes d'un établissement de crédit.

Section 1 : L'agrément des acteurs, personnes morales

Les personnes morales concernées sont les établissements de crédit (**§1**) et leurs commissaires aux comptes personnes morales qui sont des sociétés d'expertise comptable agréées (**§2**).

§ 1 : L'agrément de l'établissement de crédit

L'exercice en qualité d'établissement de crédit dans la CEMAC est subordonné à l'agrément de l'Autorité monétaire délivré après avis conforme de la COBAC. L'accord préalable ou l'avis de non-objection de l'Autorité de supervision bancaire du pays d'origine est obligatoire lorsqu'il s'agit d'agrément sollicité par des établissements de crédit ou de groupes bancaires ayant leur siège hors de la CEMAC.

La demande d'agrément en qualité d'établissement de crédit est adressée à l'Autorité monétaire contre récépissé. Une copie de ladite demande accompagnée du récépissé est transmise par le requérant à la COBAC, aux fins d'information. La demande d'agrément doit préciser la catégorie d'établissement de crédit pour laquelle le requérant postule.

La COBAC n'instruit le dossier de demande d'agrément que s'il est transmis officiellement par l'Autorité monétaire, pour avis conforme. A compter de la date de réception du dossier complet, la Commission Bancaire dispose d'un délai de six (6) mois pour statuer et notifier sa décision à l'Autorité monétaire. L'absence de décision de la COBAC à l'expiration de ce délai vaut avis conforme.

Le Règlement COBAC R-2016/01 du 16 septembre 2016, relatif aux conditions et modalités de délivrance des agréments des établissements de crédit, de leurs dirigeants et de leurs commissaires aux comptes et ses textes subséquents, pris en application du Règlement CEMAC n°02/15 du 27 mars 2015, détermine la composition des dossiers de demande d'agrément soumis à l'Autorité monétaire et précise les modalités de leur instruction.

En effet, le dossier de demande d'agrément doit comporter tous les éléments d'information permettant à la COBAC de s'assurer du respect des conditions d'exercice et d'agrément fixées par le Règlement CEMAC n° 02/15, d'apprécier la viabilité du projet et d'évaluer, notamment la qualité des actionnaires de l'établissement en création.

Les éléments d'information relatifs à l'établissement de crédit comprennent, notamment :

- une fiche comportant des renseignements généraux sur l'établissement de crédit, conforme au modèle défini par instruction de la COBAC ;
- une expédition notariée des statuts de l'établissement de crédit ;
- une expédition notariée du procès-verbal de l'assemblée générale constitutive ;
- la liste des actionnaires, détaillant pour chacun d'eux, le nombre d'actions détenues, la valeur nominale des actions, les actions libérées, le pourcentage de participation correspondant et l'équivalence en droits de vote ;
- les éléments d'information sur les actionnaires ;
- la déclaration notariée de souscription et de versement du capital social ;
- le rapport du commissaire aux apports pour tout apport en nature ;
- le relevé du compte bancaire ayant reçu le capital libéré ;
- la composition prévisionnelle du conseil d'administration, en distinguant les administrateurs exécutifs, les administrateurs non-exécutifs et les administrateurs indépendants ;
- les éléments d'information sur les personnes pressenties à la fonction d'administrateur ;

- les éléments d'information sur les personnes pressenties pour la fonction de directeur général et de directeur général adjoint ;
- la liste et la composition des comités spécialisés qui seront institués au sein du conseil d'administration et leurs attributions respectives : la liste et la composition des comités spécialisés destinés à assister la direction générale dans la gestion courante de l'établissement de crédit et leurs attributions respectives ;
- l'organigramme prévisionnel de l'établissement ;
- le plan d'affaires prévisionnel sur cinq exercices comportant notamment la description du projet, l'analyse stratégique du marché, la stratégie commerciale, les prévisions d'organisation et d'implantation et les projections financières ;
- le détail des moyens techniques, financiers et humains qui seront mis en œuvre ;
- les bilans et comptes de résultat prévisionnels sur cinq ans ;
- les projets des manuels de procédures concernant notamment le dispositif de contrôle interne, la gestion des risques, la gestion du système d'information, le plan de continuité d'activité, la lutte contre le blanchiment des capitaux et le financement du terrorisme, le suivi des opérations externalisées et la charte du gouvernement d'entreprise ;
- les prévisions d'évolution des effectifs (nationaux et expatriés) ;

- le contrat d'assistance technique avec un partenaire de référence, le cas échéant ;
- l'attestation portant accord préalable ou la lettre de non-objection de l'autorité de supervision bancaire du pays d'origine, le cas échéant.

En outre, afin d'apprécier la qualité des actionnaires et leur honorabilité, la COBAC évalue leur surface financière et s'assure qu'ils ne sont pas frappés par l'une des interdictions et incompatibilités prévues par la règlementation en vigueur, notamment le Règlement N°04/08/CEMAC/UMAC/COBAC du 06 octobre 2008, relatif au gouvernement d'entreprise dans les établissements de crédit de la CEMAC.

Pour cela, les éléments d'information relatifs à l'actionnaire personne physique comprennent, notamment :

- une lettre d'engagement adressée au Président de la COBAC par l'actionnaire majoritaire, conforme au modèle établi par la réglementation en vigueur ;
- un certificat d'imposition fiscale délivré par l'administration fiscale du pays d'imposition ;
- un curriculum vitae rédigé en français, dûment daté et signé ;
- une copie certifiée conforme d'un document d'identité officiel (carte nationale d'identité ou passeport) en cours de validité ;
- un extrait du casier judiciaire datant de moins de trois mois, délivré par les autorités compétentes du pays dont il a la nationalité et du pays de résidence ;

- une attestation notariée de la situation patrimoniale. Cette attestation devra être certifiée par l'autorité consulaire si l'acquéreur potentiel est d'une nationalité autre que celle d'un pays de la CEMAC ;
- la liste des participations détenues dans les autres établissements de crédit et dans toute autre entreprise ayant leur siège dans la CEMAC ou à l'étranger ;
- une déclaration sur l'honneur par laquelle l'actionnaire indique l'origine des fonds à investir et atteste que ceux-ci ne proviennent pas d'activités illicites.

Les éléments d'information relatifs à l'actionnaire personne morale de droit privé comprennent, notamment :

- une expédition notariée des statuts de la société ;
- le procès-verbal de l'organe délibérant de l'entité autorisant la souscription au capital social de l'établissement de crédit en création ou l'implantation d'une filiale ;
- la liste des actionnaires de la société et, le cas échéant, de leurs ayants- droit économique, détaillant, pour chacun d'eux, le nombre d'actions détenues, la valeur nominale des actions ainsi que le pourcentage de participation correspondant et l'équivalence en droits de vote ;
- les états financiers annuels certifiés par les commissaires aux comptes comprenant les

bilans et les comptes de résultat des trois derniers exercices ;
- la liste des participations détenues dans les autres établissements de crédit et dans toute autre entreprise ayant leur siège dans la CEMAC ou à l'étranger ;
- une déclaration sur l'honneur de son représentant légal par laquelle il indique l'origine des fonds à investir et atteste que ceux-ci ne proviennent pas d'activités illicites ;
- un document par lequel la personne morale de droit privé, lorsqu'elle est l'actionnaire majoritaire, s'engage à soutenir le développement de l'établissement de crédit.

Le dossier de demande d'agrément émanant de groupes bancaires, de holdings financières, de toute autre entité de tête ou d'établissements de crédit faisant partie de telles entités doit comporter en plus :

- l'organigramme du groupe dont relève le requérant ;
- la liste des actionnaires, et, le cas échéant de leurs ayants droit économiques, de la holding de tête du groupe d'appartenance du requérant et de chaque société apparentée ;
- les états financiers consolidés certifiés, comprenant les bilans et les comptes de résultat relatifs aux trois derniers exercices ;
- la liste des participations détenues dans le capital d'établissements de crédit et dans toute autre entreprise ayant leur siège sur le territoire d'un Etat membre ou à l'étranger, par le

requérant, par son groupe ou par la holding financière dont il relève ;
- le procès-verbal de l'organe délibérant de l'entité requérante autorisant la création ou la prise de participation au capital de la filiale.

Les éléments d'information relatifs à l'actionnaire personne morale de droit public comprennent, notamment :

- l'acte portant création de la personne morale ;
- l'acte autorisant la personne morale à prendre des participations dans le capital de l'établissement ;
- un document par lequel la personne morale de droit public, lorsqu'elle est l'actionnaire majoritaire, s'engage à soutenir le développement de l'établissement de crédit.

Lorsque le dossier est incomplet, la COBAC en informe par écrit le requérant, avec copie à l'Autorité monétaire, et l'invite à fournir les informations et/ou pièces manquantes. Toute demande d'informations complémentaires suspend le délai d'instruction du dossier jusqu'à réception des informations sollicitées.

Dans le cadre du processus d'instruction, la COBAC est habilitée à demander aux promoteurs tous les renseignements jugés utiles, à les entendre ou entendre toute personne dont l'audition s'avère nécessaire pour l'examen de la demande d'agrément. En outre, la COBAC apprécie l'aptitude de l'établissement à réaliser ses objectifs de développement dans les conditions requises pour le bon fonctionnement du système financier et la sécurité des déposants.

A ce titre, elle vérifie la cohérence entre la nature des activités projetées et la catégorie d'établissement de microfinance sollicitée, ainsi que l'adéquation des moyens humains, techniques et financiers envisagés au regard notamment du programme d'activités que le requérant envisage de mettre en œuvre ; évalue la qualité des actionnaires, des administrateurs, des dirigeants et des commissaires aux comptes ; vérifie l'origine des fonds apportés par les promoteurs pour la constitution du capital initial, ainsi que la capacité des principaux actionnaires à apporter un soutien financier à leur établissement en cas de besoin ; apprécie la solidité de la situation financière prévisionnelle de l'établissement de microfinance en rapport avec la stratégie proposée, l'adéquation des fonds propres ou patrimoniaux envisagés au profil de risque, afin de déterminer la capacité de l'établissement à respecter ultérieurement les normes prudentielles ; s'assure que les structures de l'actionnariat et de la gouvernance de l'établissement de crédit et du groupe auquel il appartient, le cas échéant, n'empêcheront pas un contrôle efficace, tant sur base individuelle que combinée, voire consolidée, et ne sont pas de nature à entraver, à l'avenir, une mise en œuvre efficace de mesures correctrices et évalue les dispositifs de contrôle interne et de gestion des risques que l'établissement de crédit envisage de mettre en place, au regard des risques prévisibles, de la nature, du volume et de la complexité des activités projetées.

L'agrément est délivré par arrêté de l'Autorité monétaire avec copie au requérant, à la COBAC, à la

Direction Nationale de la BEAC et au CNEF. L'arrêté d'agrément précise la catégorie dans laquelle est classé l'établissement de crédit, ainsi que les opérations de banque qui lui sont autorisées. La décision de refus d'agrément est notifiée par l'Autorité monétaire au requérant, avec copie à la COBAC. L'arrêté d'agrément est publié au Journal Officiel et dans au moins un des principaux organes de presse de l'Etat membre concerné, aux frais du requérant.

§ 2 : L'agrément des commissaires aux comptes personnes morales

L'exercice de la fonction de commissaire aux comptes personne morale d'établissement de crédit est subordonné à l'agrément de l'Autorité monétaire, délivré après avis conforme de la COBAC. La demande initiale d'agrément est adressée, par l'établissement de crédit, à l'Autorité monétaire contre récépissé. Une copie de ladite demande accompagnée du récépissé est transmise, par ledit établissement, à la Commission Bancaire aux fins d'information.

La COBAC n'instruit le dossier de demande d'agrément que s'il est transmis officiellement par l'Autorité monétaire, pour avis conforme. A compter de la date de réception du dossier complet, la Commission Bancaire dispose d'un délai d'un (1) mois pour statuer et notifier sa décision à l'Autorité monétaire. L'absence de décision à l'expiration de ce délai vaut avis conforme.

La demande d'agrément d'un commissaire aux comptes personne morale doit comporter, notamment les éléments suivants, prévus par le Règlement COBAC

R-2016/01 du 16 septembre 2016 et ses textes subséquents, pris en application du Règlement CEMAC n°02/15 du 27 mars 2015 :

- une expédition du procès-verbal de l'assemblée générale ordinaire des actionnaires portant désignation de l'intéressé en qualité de commissaires aux comptes ;
- une fiche comportant des renseignements généraux sur la société conforme au modèle défini par instruction de la COBAC ;
- un extrait du Registre du Commerce et du Crédit Mobilier ; une copie des statuts ;
- une copie certifiée conforme de l'agrément délivré par la CEMAC en qualité de société d'expertise comptable ; une attestation de l'inscription à l'Ordre National des Experts Comptables, pour les pays disposant d'un tel organe ;
- les états financiers annuels certifiés des trois derniers exercices comprenant les bilans et les comptes de résultat ainsi que le détail du chiffre d'affaires réalisé avec des établissements de crédit ;
- une description de l'état des services ou des missions accomplies, faisant ressortir les périodes d'intervention, les clients, les secteurs d'activités, appuyée le cas échéant, par des attestations délivrées par les clients cités ;
- le cas échéant, les copies des agréments antérieurs pour les commissaires aux comptes déjà agréés dans le secteur bancaire hors de la CEMAC ;

- une déclaration sur l'honneur par laquelle le commissaire aux comptes atteste qu'aucun des associés n'est frappé par l'une des interdictions ou incompatibilités prévues par la réglementation en vigueur ;
- une déclaration sur l'honneur par laquelle le commissaire aux comptes indique les liens sociaux, financiers ou d'affaires, directs ou indirects, que la personne morale ou ses associés entretiennent avec l'établissement de crédit qu'il est appelé à contrôler ou toute société liée ou apparentée, et les liens de parenté avec les dirigeants ou les actionnaires détenant au moins 5% du capital de l'établissement de crédit ;
- un certificat d'imposition délivré par l'administration fiscale du pays d'imposition ;
- un certificat de non redevance délivré par l'organisme de prévoyance sociale du pays d'imposition ;
- une attestation de non faillite ou de non sujétion à une procédure collective d'apurement de passif ;
- la police d'assurance responsabilité civile professionnelle.

Lorsque le dossier est incomplet, la COBAC en informe par écrit le requérant, avec copie à l'Autorité monétaire, et l'invite à fournir les informations et/ou pièces manquantes. Toute demande d'informations complémentaires suspend le délai d'instruction du dossier jusqu'à réception des informations sollicitées.

Dans le cadre du processus d'instruction, la COBAC est habilitée à demander au requérant tous les renseignements jugés utiles, à l'entendre ou entendre toute personne dont l'audition s'avère nécessaire pour l'examen de la demande d'agrément.

L'agrément est délivré par arrêté de l'Autorité monétaire avec copie au requérant, à la COBAC, à la Direction Nationale de la BEAC et au CNEF. La décision de refus d'agrément est notifiée par l'Autorité monétaire au requérant, avec copie à la Commission Bancaire.

La délivrance d'un agrément en qualité de commissaire aux comptes personne morale d'établissement de crédit confère à ce dernier la qualification pour certifier les comptes de tout autre établissement de crédit agréé dans la CEMAC, à charge pour tout établissement de crédit de solliciter l'autorisation préalable de la COBAC pour la désignation d'un commissaire aux comptes déjà agréé. A cet effet, la Commission Bancaire tient et publie une liste des personnes agréées en qualité de commissaire aux comptes personnes morales d'établissement de crédit dans la CEMAC.

L'arrêté portant agrément du commissaire aux comptes personne morale est publié, dans le Journal Officiel et dans au moins un des principaux organes de presse de l'Etat membre concerné.

Section 2 : L'agrément des acteurs, personnes physiques

Les personnes physiques comprennent les dirigeants des établissements de crédit (§1) et les commissaires aux comptes personnes physiques qui sont des experts comptables agréés (§2).

§ 1 : L'agrément des dirigeants des établissements de crédit

On entend par dirigeant ici le directeur général et le directeur général adjoint d'établissement de crédit. L'exercice de ces fonctions est subordonné à l'agrément de l'Autorité monétaire, délivré après avis conforme de la Commission Bancaire. Pour cela, la demande est adressée à l'Autorité monétaire contre récépissé. Une copie de ladite demande accompagnée du récépissé est transmise à la Commission Bancaire, aux fins d'information.

La COBAC n'instruit le dossier de demande d'agrément que s'il est transmis officiellement par l'Autorité monétaire, pour avis conforme. A compter de la date de réception du dossier complet, la Commission Bancaire dispose d'un délai d'un (1) mois pour statuer et notifier sa décision à l'Autorité monétaire. L'absence de décision à l'expiration de ce délai vaut avis conforme.

L'article 25 du règlement COBAC R-2016/01 relatif aux conditions et modalités de délivrance des agréments des établissements de crédit, de leurs dirigeants et de leurs commissaires aux comptes pose deux hypothèses relatives aux conditions de diplôme et de l'expérience professionnelle pour les candidats à la fonction de directeur général et de directeur général adjoint :

- **Première hypothèse** : soit être titulaire d'un master en sciences économiques, bancaires, financières, juridiques ou de gestion ou tout autre diplôme reconnu équivalent au moment du dépôt du dossier et justifier de solides références, ainsi que d'une expérience professionnelle de cinq ans au moins dans des fonctions d'encadrement de haut niveau ;
- **Deuxième hypothèse** : soit en l'absence du diplôme sus évoqué, être titulaires au moins d'une licence en sciences économiques, bancaires, financières, juridiques ou de gestion ou de tout autre diplôme reconnu équivalent au moment du dépôt du dossier, et justifier de solides références ainsi que d'une expérience professionnelle de dix ans au moins dans des fonctions d'encadrement de haut niveau.

La fonction d'encadrement de haut niveau est entendue comme une fonction qui donne aux personnes qui l'occupent le pouvoir de prendre des décisions engageant l'établissement et qui leur habilite à diriger et orienter les activités de l'établissement. C'est le cas, par exemple des fonctions de directeur général, de directeur général adjoint, de directeur ou de chef de département.

En outre, le dossier de demande d'agrément doit comporter, notamment les éléments suivants, prévus par le Règlement COBAC R-2016/01 ci-après :

- un curriculum vitae rédigé en français, dûment daté et signé les copies certifiées conformes des diplômes ;
- les copies certifiées conformes des attestations de travail ainsi que la liste des fonctions précédemment exercées précisant la taille, l'effectif et la nature des activités des entreprises concernées ;
- une copie certifiée conforme de l'acte de naissance ;
- deux photographies d'identité ;
- une copie certifiée conforme d'un document officiel d'identité (carte nationale d'identité ou passeport) en cours de validité ;
- un extrait de casier judiciaire datant de moins de trois mois, délivré par les autorités compétentes du pays dont le requérant a la nationalité et du pays de résidence ;
- la liste des mandats en cours en qualité d'administrateur exercés au sein d'autres sociétés, y compris les sociétés du groupe auquel est apparenté ou lié le futur établissement de crédit ;
- une déclaration sur l'honneur par laquelle le requérant dirigeant atteste ne pas être frappé par l'une des interdictions ou incompatibilités prévues par la réglementation en vigueur ;
- la liste des participations détenues dans d'autres entreprises détaillant, pour chacune d'elles, le nombre de participations détenues, leurs valeurs nominales, ainsi que le pourcentage correspondant et l'équivalence en droits de vote ;

- un certificat ou une attestation de résidence datant de moins de trois mois ; une carte de séjour en cours de validité pour les étrangers ;
- une expédition du procès-verbal du conseil d'administration ou de l'assemblée générale portant désignation en qualité de dirigeant ;
- le cas échéant, des copies des agréments antérieurs pour les dirigeants agréés dans le secteur bancaire hors CEMAC ;
- un certificat d'imposition délivré par l'administration fiscale du pays d'imposition ;
- une attestation de non faillite ou de non sujétion à une procédure collective d'apurement de passif ;
- la remise d'un récépissé de demande de carte de séjour est admise à défaut de certificat de domicile et de carte de séjour.

Lorsque le dossier est incomplet, la COBAC en informe par écrit le requérant, avec copie à l'Autorité monétaire, et l'invite à fournir les informations et/ou pièces manquantes. Toute demande d'informations complémentaires suspend le délai d'instruction du dossier jusqu'à réception des informations sollicitées.

Dans le cadre du processus d'instruction, la COBAC est habilitée à demander au requérant tous les renseignements jugés utiles, à l'entendre ou entendre toute personne dont l'audition s'avère nécessaire pour l'examen de la demande d'agrément. Elle apprécie également l'honorabilité du dirigeant pressenti et s'assure de l'inexistence de conflits d'intérêts ou d'incompatibilité avec l'exercice de cette fonction. Par ailleurs, la COBAC peut, si elle le juge nécessaire, convoquer le dirigeant pressenti pour un entretien afin d'apprécier son niveau de compétence et de connaissance du métier.

L'agrément est délivré par arrêté de l'Autorité monétaire avec copie au requérant, à la Commission Bancaire, à la Direction Nationale de la BEAC et au CNEF. La décision de refus d'agrément est notifiée par l'Autorité monétaire au requérant, avec copie à la Commission Bancaire. L'arrêté d'agrément est publié au Journal Officiel et dans au moins un des principaux organes de presse de l'Etat membre concerné, aux frais du bénéficiaire.

§ 2 : L'agrément des commissaires aux comptes personnes physiques

L'exercice de la fonction de commissaire aux comptes personne physique d'établissement de crédit est subordonné à l'agrément de l'Autorité monétaire, délivré après avis conforme de la COBAC. La demande initiale d'agrément est adressée, par l'établissement de crédit, à l'Autorité monétaire contre récépissé. Une copie de ladite demande accompagnée du récépissé est transmise, par ledit établissement, à la Commission Bancaire aux fins d'information.

La COBAC n'instruit le dossier de demande d'agrément que s'il est transmis officiellement par l'Autorité monétaire, pour avis conforme. A compter de la date de réception du dossier complet, la Commission Bancaire dispose d'un délai d'un (1) mois pour statuer et notifier sa décision à l'Autorité monétaire. L'absence de décision à l'expiration de ce délai vaut avis conforme.

La demande d'agrément d'un commissaire aux comptes personne physique doit comporter, notamment les éléments suivants, prévus par le Règlement COBAC R-2016/01 du 16 septembre 2016 et ses textes subséquents, pris en application du Règlement CEMAC n°02/15 du 27 mars 2015 :

- une expédition du procès-verbal de l'assemblée générale ordinaire des actionnaires portant désignation de l'intéressé en qualité de commissaire aux comptes ;
- une copie certifiée conforme d'un document officiel d'identité (carte nationale d'identité ou passeport) en cours de validité ;
- un extrait du casier judiciaire datant de moins de trois mois, délivré par les autorités judiciaires du pays dont il a la nationalité et du pays de résidence ;
- deux photographies d'identité ;
- une copie certifiée conforme de l'agrément délivré par la CEMAC en qualité d'expert-comptable ;
- une attestation d'inscription au tableau de l'Ordre National des Experts Comptables pour les pays disposant d'un tel organe ;
- un curriculum vitae rédigé en français, dûment daté et signé, accompagné d'un état de services ou des missions accomplies, faisant ressortir les périodes d'intervention, les clients, les secteurs d'activités appuyé le cas échéant, par des attestations délivrées par les clients ;
- le cas échéant, les copies des agréments antérieurs pour les commissaires aux comptes

déjà agréés dans le secteur bancaire hors de la CEMAC ;

- une déclaration sur l'honneur par laquelle le commissaire aux comptes atteste ne pas être frappé par l'une des interdictions ou incompatibilités prévues par la réglementation en vigueur ;
- une déclaration sur l'honneur par laquelle le commissaire aux comptes indique les liens sociaux, financiers ou d'affaires, directs ou indirects, qu'il entretient avec l'établissement de crédit qu'il est appelé à contrôler ou toute société liée ou apparentée, et les liens de parenté avec les dirigeants ou les actionnaires détenant au moins 5% du capital de l'établissement de crédit ;
- un certificat d'imposition délivré par l'administration fiscale du pays d'imposition ;
- un certificat de non redevance délivré par l'organisme de prévoyance sociale du pays d'imposition ;
- une attestation de non faillite ou de non sujétion à une procédure collective d'apurement de passif ;
- la police d'assurance responsabilité civile professionnelle.

Lorsque le dossier est incomplet, la COBAC en informe par écrit le requérant, avec copie à l'Autorité monétaire, et l'invite à fournir les informations et/ou pièces manquantes. Toute demande d'informations complémentaires suspend le délai d'instruction du dossier jusqu'à réception des informations sollicitées.

Dans le cadre du processus d'instruction, la COBAC est habilitée à demander au requérant tous les renseignements jugés utiles, à l'entendre ou entendre toute personne dont l'audition s'avère nécessaire pour l'examen de la demande d'agrément.

L'agrément est délivré par arrêté de l'Autorité monétaire avec copie au requérant, à la COBAC, à la Direction Nationale de la Banque des Etats de l'Afrique Centrale et au CNEF. La décision de refus d'agrément est notifiée par l'Autorité Monétaire au requérant, avec copie à la Commission Bancaire.

La délivrance d'un agrément en qualité de commissaire aux comptes personne physique d'établissement de crédit confère à ce dernier la qualification pour certifier les comptes de tout autre établissement de crédit agréé dans la CEMAC, à charge pour tout établissement de crédit de solliciter l'autorisation préalable de la COBAC pour la désignation d'un commissaire aux comptes déjà agréé.

A cet effet, la Commission Bancaire tient et publie une liste des personnes agréées en qualité de commissaire aux comptes personnes physiques d'établissement de crédit dans la CEMAC.

L'arrêté portant agrément du commissaire aux comptes personne physique est publié, dans le Journal Officiel et dans au moins un des principaux organes de presse de l'Etat membre concerné.

CHAPITRE 2 : LE CADRE DE DEPLOIEMENT DE L'AGREMENT

Au cours de leurs activités, la situation juridique des établissements de crédit peut évoluer. Plusieurs raisons peuvent justifier cette évolution. Il s'agit par exemple de la modification de capital social (augmentation ou réduction de capital) ; la prise ou la cession de participations ; le changement d'adresse ou de dénomination sociale de l'établissement etc.

En outre, un établissement régulièrement agréé peut étendre son activité dans un autre pays dans le cadre du mécanisme d'agrément unique. De même, un établissement de crédit, au cours de son existence, peut faire appel à des professionnels extérieurs, en vertu d'un contrat de mandat, pour servir d'intermédiaire en opération de banque avec sa clientèle.

Section 1 : Les changements de situations des établissements agréés

Les établissements agréés peuvent modifier leurs situations en cours d'activité en ayant recours auprès de la COBAC aux procédures d'autorisation préalable (**§1**), d'information préalable (**§2**) ou de notification d'information (**§3**). Les évènements qui modifient donc les situations juridiques de ces établissements doivent être portés à connaissance de la COBAC, en application du Règlement COBAC R-2016/02 du 16 septembre 2016, relatif aux modifications de situation des établissements de crédit.

§1 : Les autorisations préalables

Les modifications qui affectent de manière significative la situation d'un établissement de crédit sont subordonnées à l'autorisation préalable de la COBAC. En effet, sont considérées comme affectant de manière significative la situation d'un établissement de crédit et nécessitent l'autorisation préalable de la COBAC, les modifications qu'un établissement de crédit envisage d'apporter à sa situation juridique et qui concernent l'un des éléments au vu desquels il a été agréé :

- le changement, l'extension ou la restriction du type d'activités autorisées ;
- la fusion ou la scission de l'établissement ;
- la cession du fonds de commerce ;
- la cession partielle d'actifs représentant au moins 25% du total de bilan de l'établissement ;
- l'augmentation du capital social de l'établissement ;
- le changement de contrôle ;
- la prise, la cession de participations significatives dans le capital de l'établissement ;
- l'ouverture de filiale ou de succursale hors de la CEMAC ;
- l'ouverture de bureau de représentation, d'information ou de liaison dans un Etat de la CEMAC ou hors de la CEMAC ;
- la prise de participations dans une entité en dehors de la CEMAC.

A/ Le changement, l'extension ou la restriction du type d'activités autorisées

Le dossier de demande d'autorisation préalable pour le changement, l'extension ou la restriction des activités de l'établissement de crédit doit comporter, notamment les éléments prévus par le Règlement COBAC R-2016/02 ci-après :

- le procès-verbal de l'assemblée générale extraordinaire ayant décidé de cette opération ;
- le rapport du conseil d'administration sur l'opération ;
- le rapport du commissaire aux comptes sur l'opération ;
- le projet de statuts modifiés ;
- tous les éléments d'informations permettant à la COBAC d'évaluer l'adéquation du système de gouvernance, du dispositif de maîtrise des risques et du niveau des fonds propres de l'établissement aux normes prudentielles en vigueur pour le type d'activité envisagé.

B/ La fusion de l'établissement de crédit

Le dossier de demande d'autorisation préalable pour une opération de fusion doit comporter, notamment les éléments prévus par le Règlement COBAC R-2016/02 ci-après :

- la dénomination de l'établissement absorbant ou du nouvel établissement issu de la fusion ;

- les statuts des sociétés engagées dans la fusion ainsi que, le cas échéant, les projets de statuts de la nouvelle entité à créer ;
- les états financiers annuels certifiés par les commissaires aux comptes comprenant les bilans et les comptes de résultat des trois derniers exercices de chacune de ces sociétés ;
- le procès-verbal de l'assemblée générale extraordinaire de chacune de ces sociétés autorisant la fusion ;
- le rapport du conseil d'administration de chacune des sociétés adressé aux actionnaires relativement à l'opération ;
- les rapports des commissaires relatifs à la fusion, pour chacune de ces sociétés ;
- la convention de fusion conclue entre ces sociétés ;
- le projet de fusion précisant la méthode retenue pour la détermination du rapport d'échange et l'évaluation de l'actif ;
- le plan de redéploiement du personnel.

C/ La scission de l'établissement de crédit

Le dossier de demande d'autorisation préalable pour une opération de scission doit comporter, notamment les éléments prévus par le Règlement COBAC R-2016/02 ci-après :

- le procès-verbal de l'assemblée générale extraordinaire de l'établissement de crédit autorisant la scission ;
- le projet de scission ;

- le rapport du commissaire aux comptes relatif à l'opération de scission ;
- le plan de redéploiement du personnel.

D/ La cession totale du fonds de commerce ou de cession partielle d'actifs

Le dossier de demande d'autorisation préalable pour une opération de cession totale du fonds de commerce ou de cession partielle d'actifs doit comporter, notamment les éléments prévus par le Règlement COBAC R-2016/02 ci-après :

- les statuts de l'entité cédante ;
- les états financiers annuels certifiés par les commissaires aux comptes comprenant les bilans et les comptes de résultat des trois derniers exercices de l'établissement de crédit cédant et de l'entité cessionnaire ;
- le procès-verbal de l'assemblée générale de l'établissement de crédit cédant ou de l'organe délibérant de l'entité cessionnaire, autorisant la cession ;
- le rapport du conseil d'administration de l'établissement de crédit cédant et, le cas échéant, de l'entité cessionnaire, adressé aux actionnaires.

E/ L'augmentation du capital social de l'établissement de crédit

Le dossier de demande d'autorisation préalable pour l'augmentation du capital social doit comporter, notamment les éléments prévus par le Règlement COBAC R-2016/02 ci-après :

- le procès-verbal de l'assemblée générale extraordinaire ayant décidé de l'augmentation du capital ;
- le rapport du commissaire aux comptes relatif à l'augmentation du capital ;
- le bulletin de souscription au capital social ;
- le cas échéant, les actes de renonciation au droit préférentiel de souscription ;
- la déclaration notariée de souscription et de versement s'il s'agit d'un apport en numéraire ;
- l'extrait du compte dépositaire des fonds pour attester de la libération effective ;
- le rapport du commissaire aux apports lorsqu'il s'agit d'un apport en nature ;
- le certificat de libération des actions constaté par le notaire en cas de compensation de créances certaines, liquides et exigibles. Ce certificat est établi sur arrêté des comptes certifiés par le commissaire aux comptes ;
- le tableau de répartition du capital avant et après l'opération.

F/ La réduction du capital social de l'établissement de crédit

Le dossier de demande d'autorisation préalable pour la réduction du capital social doit comporter, notamment les éléments prévus par le Règlement COBAC R-2016/02 ci-après :

- le procès-verbal de l'assemblée générale extraordinaire ayant décidé de la réduction du capital social ;
- le rapport d'appréciation du commissaire aux comptes sur les causes et conditions de la réduction du capital ;
- le tableau de répartition du capital avant et après l'opération.

G/ La prise, la cession ou le transfert de participations induisant un changement du pouvoir de contrôle de l'établissement de crédit

Le dossier de demande d'autorisation préalable pour la prise, la cession ou le transfert de participations qui induit un changement du pouvoir de contrôle de l'établissement de crédit doit comporter, notamment les éléments prévus par le Règlement COBAC R-2016/02 ci-après :

- une copie certifiée conforme du document juridique fixant les conditions et les modalités de l'opération entre les parties prenantes ;
- le cas échéant, le pacte d'actionnaires ;
- les déclarations notariées de souscription et de versement ;
- le tableau de répartition du capital de l'établissement de crédit avant et après l'opération ;
- une étude détaillant les objectifs de l'opération, les modalités de son financement et son impact sur le contrôle de l'établissement cible, notamment en ce qui concerne sa gouvernance,

sa stratégie commerciale, les activités projetées, l'externalisation d'activités, sa situation prudentielle, son profil de risque et son exposition à de nouveaux risques ;
- le plan d'activités sur trois ans ;
- l'accord préalable ou l'avis de non-objection de l'autorité de contrôle bancaire du pays d'origine, lorsque l'acquéreur est un établissement de crédit, un groupe ou une holding financière qui a son siège hors de la CEMAC.

Par ailleurs, le dossier de demande d'autorisation préalable pour la prise, la cession de participations qui induit un changement du pouvoir de contrôle de l'établissement de crédit, doit aussi comporter les éléments d'information permettant à la COBAC d'apprécier la qualité et l'honorabilité des futurs acquéreurs, d'évaluer leur solidité financière et de s'assurer qu'ils ne sont pas atteints par l'une des interdictions ou incompatibilités prévues par la réglementation en vigueur :

- **1) Pour un acquéreur personne physique** :
- un curriculum vitae rédigé en français, dûment daté et signé ;
- une copie certifiée conforme d'un document d'identité officiel (carte nationale d'identité ou passeport) en cours de validité ;
- un extrait du casier judiciaire datant de moins de trois mois, délivré par les autorités compétentes du pays dont il a la nationalité et du pays de résidence ;

- une attestation notariée de la situation patrimoniale. Cette attestation devra être certifiée par l'autorité consulaire si l'acquéreur potentiel est d'une nationalité autre que celle du pays de localisation de l'établissement ;
- une copie du bulletin de souscription des actions de l'établissement de crédit ou de l'acte de cession ;
- une déclaration des participations détenues dans les autres établissements de crédit ayant leur siège dans la CEMAC ou hors de la CEMAC ;
- une déclaration sur l'honneur par laquelle le futur actionnaire indique l'origine des fonds investis et atteste que ceux-ci ne proviennent pas d'activités illicites.
- **2) Pour un acquéreur personne morale de droit privé** :
- les statuts notariés de la société ;
- les états financiers annuels certifiés par les commissaires aux comptes, comprenant les bilans et les comptes de résultat des trois derniers exercices ;
- la structure de l'actionnariat et, le cas échéant, celui de la société mère, du groupe bancaire ou de la holding financière dont relève l'acquéreur, détaillant par actionnaire le nombre d'actions détenues, la fraction du capital correspondante et l'équivalence en droits de vote ;
- une déclaration des participations détenues dans les autres établissements de crédit ayant leur siège dans la CEMAC ou hors de la CEMAC ;
- le procès-verbal de l'organe délibérant compétent approuvant l'opération ;

- une copie du bulletin de souscription des actions de l'établissement de crédit ou de l'acte de cession ;
- une déclaration sur l'honneur par laquelle l'acquéreur indique l'origine des fonds à investir et atteste que ceux-ci ne proviennent pas d'activités illicites ;
- l'organigramme du groupe après l'opération.
- **3) Pour un acquéreur personne morale de droit public :**
- l'acte portant création de la personne morale ;
- l'acte autorisant la personne morale à prendre des participations dans le capital de l'établissement ;
- une copie du bulletin de souscription des actions de l'établissement de crédit ou de l'acte de cession ;
- un document par lequel la personne morale de droit public lorsqu'elle est l'actionnaire majoritaire, s'engage à soutenir le développement de l'établissement de crédit.

H/ La prise, la cession ou le transfert de participations significatives n'entrainant pas un changement du pouvoir de contrôle de l'établissement de crédit

Le dossier de demande d'autorisation préalable pour la prise, la cession ou le transfert de participations significatives n'entrainant pas un changement du pouvoir de contrôle de l'établissement de crédit doit comporter, notamment les éléments prévus par le Règlement COBAC R-2016/02 ci-après :

- **1) Acquéreur personne physique :**
- un curriculum vitae rédigé en français, dûment daté et signé ;
- une copie certifiée conforme d'un document d'identité officiel (carte nationale d'identité ou passeport) en cours de validité ;
- un extrait du casier judiciaire datant de moins de trois mois, délivré par les autorités compétentes du pays dont il a la nationalité et du pays de résidence ;
- une attestation notariée de la situation patrimoniale. Cette attestation devra être certifiée par l'autorité consulaire si l'acquéreur potentiel est d'une nationalité autre que celle du pays de localisation de l'établissement ;
- une copie du bulletin de souscription des actions de l'établissement de crédit ou de l'acte de cession ;
- une déclaration des participations détenues dans les autres établissements de crédit ayant leur siège dans la CEMAC ou hors de la CEMAC ;
- une déclaration sur l'honneur par laquelle le futur actionnaire indique l'origine des fonds à investir et atteste que ceux-ci ne proviennent pas d'activités illicites.
- **2) Acquéreur personne morale de droit privé :**
- les statuts notariés de la société ;
- les états financiers annuels certifiés par les commissaires aux comptes comprenant les bilans et les comptes de résultat des trois derniers exercices ;

- la structure de l'actionnariat détaillant par actionnaire le nombre d'actions détenues, la fraction du capital correspondante et l'équivalence en droits de vote ;
- le procès-verbal de l'organe délibérant compétent approuvant l'opération ;
- une copie du bulletin de souscription des actions de l'établissement de crédit ou de l'acte de cession ;
- une déclaration des participations détenues dans les autres établissements de crédit ayant leur siège dans la CEMAC ou hors de la CEMAC ;
- une déclaration sur l'honneur par laquelle l'acquéreur indique l'origine des fonds à investir et atteste que ceux-ci ne proviennent pas d'activités illicites ;
- le tableau de répartition du capital de l'établissement de crédit avant et après l'opération.
- **3) Pour un acquéreur personne morale de droit public :**
- l'acte portant création de la personne morale ;
- l'acte autorisant la personne morale à prendre des participations dans le capital de l'établissement ;
- un document par lequel la personne morale de droit public lorsqu'elle est l'actionnaire majoritaire, s'engage à soutenir le développement de l'établissement de crédit ;
- une copie du bulletin de souscription des actions de l'établissement de crédit ou de l'acte de cession.

I/ L'ouverture d'un bureau d'information, de représentation ou de liaison de l'établissement de crédit

Le dossier de demande d'autorisation préalable pour l'ouverture d'un bureau d'information, de représentation ou de liaison doit comporter, notamment les éléments prévus par le Règlement COBAC R-2016/02 ci-après :

- le procès-verbal de l'organe délibérant ayant décidé de l'opération ;
- le cas échéant, la dénomination retenue pour le bureau ;
- une note faisant ressortir les objectifs recherchés à travers la création du bureau de représentation, le nombre prévisionnel des salariés ainsi qu'un descriptif des fonctions devant être assumées par chacun d'eux ;
- le curriculum vitae du principal responsable du bureau ;
- un document attestant qu'aucun membre du personnel du bureau n'est frappé par l'une des interdictions et incompatibilités prévues par la réglementation en vigueur.

J/ La prise de participation dans une entité en dehors de la CEMAC

Le dossier de demande d'autorisation préalable pour la prise de participation dans une entité en dehors de la CEMAC doit comporter, notamment les éléments prévus par le Règlement COBAC R-2016/02 ci-après :

les statuts et les états financiers annuels certifiés par les commissaires aux comptes comprenant les bilans et les comptes de résultat des trois derniers exercices de l'entité concernée.

K/ L'autorisation préalable pour la désignation des commissaires aux comptes des établissements de crédit

L'autorisation préalable de la COBAC est requise toutes les fois qu'un commissaire aux comptes, déjà agréé par l'autorité monétaire, est désigné pour certifier les comptes d'un établissement de crédit. Pour cela, la COBAC s'assure que le commissaire aux comptes présente toutes les garanties d'indépendance à l'égard de l'établissement de crédit au sein duquel il est appelé à exercer sa mission et de toutes personnes apparentées à cet établissement. En outre, la COBAC apprécie également l'honorabilité du commissaire aux comptes et s'assure de l'inexistence d'incompatibilités avec l'exercice de cette fonction.

Dans le cadre de cette procédure, la COBAC est saisie par une demande de l'établissement de crédit précisant clairement leur rang, en l'occurrence premier commissaire aux comptes titulaire ou suppléant et deuxième commissaire aux comptes titulaire ou suppléant. Sont joints à la demande, notamment :

- une copie certifiée de l'arrêté d'agrément en qualité de commissaire aux comptes d'établissement de crédit ;

- la liste des établissements de crédit de la CEMAC pour le compte desquels il exerce comme commissaire aux comptes ;
- une expédition du procès-verbal de l'assemblée générale ordinaire des actionnaires portant désignation de l'intéressé en qualité de commissaires aux comptes ;
- **pour les personnes physiques :**
- un extrait du casier judiciaire datant de moins de trois mois, délivré par les autorités judiciaires du pays dont il a la nationalité et du pays de résidence ;
- une déclaration sur l'honneur par laquelle le commissaire aux comptes atteste ne pas être frappé par l'une des interdictions ou incompatibilités prévues par la réglementation en vigueur ;
- une déclaration sur l'honneur par laquelle le commissaire aux comptes indique les liens sociaux, financiers ou d'affaires, directs ou indirects, qu'il entretient avec l'établissement de crédit qu'il est appelé à contrôler ou toute société liée ou apparentée, et les liens de parenté avec les dirigeants ou les actionnaires détenant au moins 5% du capital de l'établissement de crédit.
- **pour les personnes morales :**
- une déclaration sur l'honneur par laquelle le commissaire aux comptes atteste qu'aucun des associés n'est frappé par l'une des interdictions ou incompatibilités prévues par la réglementation en vigueur ;

- une déclaration sur l'honneur par laquelle le commissaire aux comptes indique les liens sociaux, financiers ou d'affaires, directs ou indirects, que la personne morale ou ses associés entretiennent avec l'établissement de crédit qu'il est appelé à contrôler ou toute société liée ou apparentée, et les liens de parenté avec les dirigeants ou les actionnaires détenant au moins 5% du capital de l'établissement de crédit.

§2 : Les informations préalables

La modification de la structure du conseil d'administration d'un établissement de crédit est soumise à l'information préalable de la Commission Bancaire. En effet, la désignation des administrateurs et le renouvellement de leur mandat sont soumis à l'information préalable de la Commission Bancaire. Pour ce faire, la COBAC apprécie le profil et l'honorabilité des administrateurs désignés et s'assure qu'ils sont en mesure de s'acquitter convenablement de leur mission.

En particulier, la COBAC vérifie que les administrateurs désignés :

- possèdent les compétences requises pour comprendre le fonctionnement de l'établissement assujetti ;
- peuvent faire preuve d'intégrité suffisante dans l'exercice de leur mission;

- ne sont pas frappés par l'une des interdictions et incompatibilités prévues par la règlementation en vigueur.

Le dossier d'information préalable pour la désignation en qualité de membre du conseil d'administration est transmis à la COBAC par l'établissement concerné et doit comporter les éléments d'information suivants :

- le procès-verbal du conseil d'administration ou de l'assemblée générale portant désignation de l'intéressé en qualité de membre du conseil d'administration ;
- un curriculum vitae rédigé en français, dûment daté et signé ;
- un extrait du casier judiciaire datant de moins de trois mois, délivré par les autorités compétentes du pays dont l'administrateur a la nationalité et de son pays de résidence ;
- une copie certifiée conforme d'un document d'identité officiel (carte nationale d'identité ou passeport) en cours de validité ;
- une déclaration sur l'honneur des fonctions et mandats d'administrateur exercés en dehors de l'établissement concerné et par laquelle le futur administrateur atteste ne pas être frappé par l'une des interdictions ou incompatibilités prévues par la réglementation en vigueur.

§3 : Les notifications d'informations

Les modifications qui ne sont pas considérées comme affectant de manière significative la situation de l'établissement de crédit donnent lieu à une simple notification à la Commission Bancaire.

Par exemple, les établissements de crédit doivent notifier à la Commission Bancaire, dans un délai de trente (30) jours au maximum à compter de la date de leur survenance, les opérations où évènements entraînant la cessation des fonctions de dirigeants et des commissaires aux comptes agréés, ainsi que les modifications relatives :

- à l'adresse du siège social ;
- à la dénomination sociale ou commerciale ;
- aux règles de calcul des droits de vote attachés aux actions.

Les établissements de crédit sont tenus, chaque année, de transmettre à la Commission Bancaire, dans les quatre mois suivant la clôture de l'exercice social :

- la liste de leurs actionnaires, avec indication de la part détenue par chacun dans le capital social de l'établissement et les droits de vote afférents ;
- la liste de leurs administrateurs, avec indication de leur qualité d'administrateur exécutif (ou non) ou indépendant, ainsi que leurs adresses respectives ;
- les informations sur la situation financière des actionnaires qui détiennent une participation représentant 5 % au moins des droits de vote.

La COBAC peut, le cas échéant, solliciter toute pièce ou information complémentaire. De même, en tant que de besoin, la Commission Bancaire peut demander à tout établissement.

Section 2 : Le mécanisme d'agrément unique et l'activité d'apporteurs d'affaires

Le Comité Ministériel de l'Union Monétaire de l'Afrique Centrale (UMAC) a adopté le 27 novembre 2000 à Malabo, le règlement n°01/00/CEMAC/UMAC/COBAC portant institution de l'agrément unique des établissements de crédit dans la Communauté Economique et Monétaire de l'Afrique Centrale (CEMAC). L'adoption de ce texte communautaire fait suite à la décision du Comité Ministériel en sa séance du 20 septembre 1999, portant adoption du principe de l'institution de l'agrément unique dans la CEMAC, dans le cadre des mesures de redressement et de relance économique en Afrique Centrale.

S'agissant de l'activité d'apporteurs d'affaires, lors de sa session ordinaire du 19 décembre 2023, la Commission Bancaire a adopté le règlement COBAC R-2023/02 relatif aux conditions d'exercice et de contrôle de l'activité d'intermédiaire en opérations de banque dans la Communauté Economique et Monétaire de l'Afrique centrale, en application de l'article 43 de l'Annexe à la Convention du 17 janvier 1992 portant harmonisation de la règlementation bancaire dans les Etats de l'Afrique centrale.

§1 : Le mécanisme d'agrément unique

A/ Les principes d'agrément unique

L'agrément unique dans la CEMAC confère à un établissement de crédit, ayant obtenu l'autorisation d'exercer initialement son activité dans un des Etats membres de la Communauté, le droit, s'il le souhaite, de l'étendre à un autre Etat membre, en y implantant une filiale, une succursale ou une agence, sans être astreint à l'accomplissement des formalités administratives relatives à l'agrément dans ledit pays. Ce mécanisme emporte ainsi pour les établissements de crédit dûment agréés dans un Etat membre de la CEMAC, la possibilité d'offrir dans toute la Communauté, les services pour lesquels il a reçu l'agrément.

La mise en œuvre du mécanisme d'agrément unique dans la CEMAC suppose la réunion de quatre (4) conditions ci-après :

- **Première condition, les établissements concernés** : les établissements concernés par l'agrément unique dans la CEMAC sont les banques et les établissements financiers qui bénéficient d'un agrément initial ;
- **Deuxième condition, l'ancienneté de l'établissement** : la possibilité d'étendre les activités dans d'autres Etats est réservé aux banques et établissements financiers qui bénéficient, depuis plus de deux ans, d'un agrément initial ;
- **Troisième condition, la capacité financière de l'établissement** : les banques et établissements

financiers doivent disposer d'une assise financière qui leur permettent de respecter l'ensemble des normes prudentielles édictées par la COBAC et l'aptitude à réaliser leurs objectifs de développement dans les conditions que requiert la sécurité des déposants ;

- **Quatrième condition, la cotation de l'établissement** : seules les banques et établissements financiers bien cotés par la COBAC peuvent bénéficier du régime de l'agrément unique.

B/ La procédure d'agrément unique

La procédure de l'agrément unique dans la CEMAC s'articule autour de trois (3) étapes :

- **Première étape, la saisine simultanée de l'Autorité monétaire et de la COBAC** : La demande d'implantation d'une filiale ou d'une succursale dans le cadre de l'agrément unique est adressée à l'Autorité monétaire du nouveau pays d'implantation. Le dossier est également déposé directement à la COBAC par l'établissement concerné ;
- **Deuxième étape, l'avis formel de l'Autorité monétaire du pays d'accueil** : L'instruction de la demande d'autorisation préalable par la COBAC est subordonnée à un avis formel de l'Autorité monétaire du pays de la nouvelle implantation. L'instruction de la COBAC concerne, notamment la conformité du projet d'implantation avec l'agrément accordé à la maison-mère, ainsi que la compatibilité de cette demande d'implantation avec le bon fonctionnement du système bancaire du pays d'accueil et la sécurité des déposants du pays ayant accordé l'agrément initial ;

➢ **Troisième étape, l'issue de la demande d'autorisation préalable de la COBAC :** La demande d'autorisation préalable dans le cadre de l'agrément unique peut donner lieu soit à une autorisation préalable accordée par la COBAC soit au refus d'implantation. Dans les deux cas, la COBAC notifie dans un délai de trois (3) mois à compter de la réception du dossier complet sa réponse (autorisation ou refus d'implantation) à l'établissement de crédit.

IMPORTANT : Un projet de réforme du règlement n°01/00/CEMAC/UMAC/ COBAC du 27 novembre 2000, portant institution de l'agrément unique des établissements de crédit dans la CEMAC a été engagé en début d'année 2023 par la COBAC. Cette réforme de l'agrément unique vise à corriger les insuffisances du règlement CEMAC du 27 novembre 2000, afin de rendre opérationnel ce mécanisme dans la CEMAC. Ce projet de réforme qui a été soumis à la consultation de la profession, est en attente de son adaptation par les instances communautaires compétentes de la CEMAC.

Plus spécifiquement, cette réforme une fois adoptée donnera lieu à un nouveau cadre règlementaire sur l'agrément unique et qui précisera les questions liées : à la forme juridique ; à la procédure d'autorisation préalable ; aux modalités d'instruction par la COBAC des dossiers d'agrément unique ; à la définition du niveau de dotation minimale ; à l'entendue des activités autorisées ; à la gestion ; au contrôle interne ; au système de *reporting* ; aux modalités de contrôle de la COBAC et aux modalités de traitement des difficultés des établissements installés sous le régime d'agrément unique.

§2 : L'activité d'apporteurs d'affaires

Appelé intermédiaire en opérations de banque dans le règlement COBAC R-2023/02, l'apporteur d'affaire est toute personne qui à titre de profession habituelle, met en rapport, sans se porter ducroire, les parties intéressées à une opération de banque dont l'une au moins est un établissement de crédit. En d'autres termes, l'activité de l'intermédiaire en opérations de banque consiste notamment à présenter, proposer ou aider à la conclusion des opérations de banque ou à effectuer tous travaux et conseils préparatoires à leur réalisation.

Les opérations de banque visées sont celles prévues à l'article 4 de l'Annexe à la Convention du 17 janvier 1992. Celles-ci comprennent la réception des fonds du public, l'octroi de crédit, la délivrance de garanties en faveur d'autres établissements de crédit, la mise à la disposition de la clientèle et la gestion de moyens de paiement.

A/ Les conditions d'accès à l'activité d'apporteur d'affaire

Les intermédiaires en opérations de banque exercent leurs activités en vertu d'un mandat délivré par un établissement de crédit. Ce mandat mentionne la nature, les conditions et modalités des prestations que l'intermédiaire est habilité à accomplir.

En ce qui concerne la procédure, l'exercice sur le territoire de l'un des Etats membres de la CEMAC, de la profession d'intermédiaire en opérations de banque est subordonné à l'autorisation préalable de l'Autorité monétaire, délivrée après avis conforme de la Commission Bancaire. Cette demande est adressée à l'Autorité monétaire contre récépissé. Une copie de ladite demande, accompagnée du récépissé, est transmise par le requérant à la Commission Bancaire, aux fins d'information. A compter de la date de réception du dossier complet, la Commission Bancaire dispose d'un délai de trois (3) mois pour statuer et notifier sa décision à l'Autorité monétaire. L'absence de décision à l'expiration de ce délai vaut avis favorable. L'autorisation préalable est délivrée par arrêté de l'Autorité monétaire avec copie au requérant, à la Commission Bancaire et à la Direction Nationale de la BEAC.

Dans le cadre de l'instruction de la demande d'autorisation préalable, la COBAC s'assure de l'absence d'interdictions, incompatibilités ou conflits d'intérêts et apprécie :

- **pour l'intermédiaire en opérations de banque personne morale** : i) la capacité financière ; ii) la qualité du dispositif de contrôle interne ; ii) les conditions de diplôme, d'expérience et d'honorabilité du dirigeant ;
- **pour l'intermédiaire en opérations de banque personne physique** : les conditions de diplôme, d'expérience et d'honorabilité.

Par ailleurs, la COBAC s'assure, dans le cas d'un intermédiaire en opérations de banque personne morale, de l'identification de son bénéficiaire effectif. Le bénéficiaire effectif est la personne physique qui, en dernier lieu, possède ou contrôle un client et/ou la personne physique ou morale pour le compte de laquelle une opération est effectuée. Sont également comprises, les personnes qui exercent, en dernier lieu, un contrôle effectif sur une personne morale ou une construction juridique.

Concernant les conditions de diplômes et d'expériences professionnelles, l'intermédiaire en opérations de banque personne physique ou le dirigeant de la personne morale doit être titulaire au moins d'un master en sciences économiques, en banque, en finance, en droit privé, en comptabilité ou en gestion ou de tout autre diplôme reconnu équivalent au moment du dépôt du dossier, et justifier d'une expérience professionnelle de deux ans au moins dans les domaines suscités.

A défaut, il doit être titulaire au moins d'une licence en sciences économiques, en banque, en finance, en droit privé, en comptabilité ou en gestion ou de tout autre diplôme reconnu équivalent au moment du dépôt du dossier, et justifier d'une expérience professionnelle de cinq ans au moins dans les domaines suscités.

Enfin, s'agissant de la composition du dossier de demande d'autorisation préalable pour l'exercice de l'activité d'intermédiaire en opérations de banque, celui-ci doit comprendre les éléments ci-après :

a) Pour les intermédiaires en opérations de banque personnes morales :

- une copie des statuts de la société ;
- les états financiers annuels certifiés des trois derniers exercices comprenant les bilans et les comptes de résultat, ainsi que les rapports d'activités ;
- une attestation de non-redevance délivrée par l'administration fiscale du pays d'imposition ;
- une attestation de non-redevance délivrée par l'organisme de prévoyance sociale ;
- une attestation de non-faillite ou de non-sujétion à une procédure collective d'apurement de passif de la société ;
- un curriculum vitae rédigé en français, dûment daté et signé du dirigeant ;
- une copie certifiée conforme d'un document officiel d'identité (carte nationale d'identité ou passeport) en cours de validité du dirigeant ;
- deux photographies d'identité du dirigeant ;
- les copies certifiées conformes des diplômes du dirigeant ;
- les copies certifiées conformes des attestations de travail du dirigeant ;
- un extrait de casier judiciaire datant de moins de trois mois, délivré par les autorités compétentes du pays dont le dirigeant a la nationalité et par celles du pays de résidence du dirigeant ;
- une déclaration sur l'honneur par laquelle le dirigeant atteste ne pas être frappé par l'une des

interdictions ou incompatibilités prévues par la réglementation en vigueur ;

- une attestation de non-redevance délivrée par l'administration fiscale du pays d'imposition du dirigeant ;
- une attestation de non-faillite ou de non-sujétion à une procédure collective d'apurement de passif du dirigeant ;
- le contrat de mandat ou le projet de contrat de mandat entre l'intermédiaire et un établissement de crédit, mentionnant la nature et les conditions des opérations que l'intermédiaire est habilité à accomplir ;
- les justificatifs d'une garantie financière conforme au montant exigé ;
- le plan d'affaires détaillé des opérations envisagées et des partenariats conclus éventuellement avec les établissements de crédit de la CEMAC ;
- une description du dispositif de contrôle interne que l'intermédiaire envisage de mettre en œuvre pour se conformer à ses obligations en matière notamment, d'identification des clients, de lutte contre le blanchiment de capitaux et le financement du terrorisme, ainsi que de gestion des risques, en particulier pour les intermédiaires autorisés à détenir les fonds de la clientèle.

b) Pour les intermédiaires en opérations de banque personnes physiques :

- un curriculum vitae rédigé en français, dûment daté et signé ;
- une copie certifiée conforme d'un document officiel d'identité (carte nationale d'identité ou passeport) en cours de validité ;
- deux photographies d'identité ;
- les copies certifiées conformes des diplômes ;
- les copies certifiées conformes des attestations de travail ;
- un extrait de casier judiciaire datant de moins de trois mois, délivré par les autorités compétentes du pays dont le requérant a la nationalité et par celles de son pays de résidence ;
- une déclaration sur l'honneur par laquelle le requérant atteste ne pas être frappé par l'une des interdictions ou incompatibilités prévues par la réglementation en vigueur ;
- une carte de séjour en cours de validité pour les étrangers ;
- une attestation de non redevance délivrée par l'administration fiscale du pays d'imposition ;
- une attestation de non-faillite ou de non-sujétion à une procédure collective d'apurement de passif ;
- projet de contrat de mandat entre l'intermédiaire et un établissement de crédit, mentionnant la nature et les conditions des opérations que l'intermédiaire est habilité à accomplir ;

- tout document ou élément d'information permettant d'apprécier la situation financière de l'intermédiaire et sa capacité à assurer son développement dans des conditions appropriées de maîtrise des risques ;
- une note de présentation détaillée des opérations envisagées et des partenariats conclus éventuellement avec les établissements de crédit de la CEMAC ;
- une description du dispositif de contrôle interne mis en œuvre par l'intermédiaire pour se conformer à ses obligations en matière notamment d'identification des clients et de lutte contre le blanchiment de capitaux et le financement du terrorisme.

B/ Les conditions d'exercice de l'activité d'apporteurs d'affaires

1/ Les interdictions et incompatibilités

La profession d'intermédiaire en opérations de banque est incompatible avec l'exercice de la fonction d'actionnaire, administrateur, dirigeant, employé ou commissaire aux comptes d'établissement de crédit, de microfinance et de paiement. Celle-ci est également incompatible avec l'exercice de hautes fonctions politiques, électives ou assimilées, de nature à conférer une immunité de juridiction. L'incompatibilité s'étend aux conjoints et enfants des personnes susvisées.

2/ Les modalités d'exercice de l'activité d'intermédiaire en opérations de banque

L'intermédiaire en opérations de banque, personne morale est autorisée à détenir des fonds. Dans ce cas, il peut se voir confier temporairement des fonds par un client en vue de les remettre à l'établissement mandant ou par un établissement mandant en vue de les remettre au client. Le montant maximum des fonds détenus par l'intermédiaire personne morale ainsi que la durée maximale de cette détention sont prévus dans le contrat de mandat. Ce montant ne peut excéder un (01) million de FCFA par client et par mois. L'intermédiaire ne peut détenir ces fonds pour une durée supérieure à quarante-huit (48) heures ouvrables. Par ailleurs, l'intermédiaire en opérations de banque personne morale ne peut détenir plus de vingt millions (20 000 000) de FCFA pour le compte des clients d'un même établissement de crédit.

S'agissant des intermédiaires en opérations de banque personnes physiques, il leur est interdit aux de détenir des fonds remis par le client ou l'établissement mandant dans l'exercice de leur activité.

La relation entre les intermédiaires en opérations de banque et les établissements de crédit est fondée sur un contrat de mandat. Les stipulations de ce mandat relatives à la rémunération de l'intermédiaire, est approuvé par le conseil d'administration de l'établissement mandat. En outre, tout établissement de crédit qui donne mandat à un intermédiaire en opérations de banque dispose d'une procédure, approuvée par son conseil d'administration, relative, notamment, aux conditions et modalités de recours aux intermédiaires, au contrôle des intermédiaires, aux limites des activités avec les intermédiaire et dispositif de contrôle interne de cette activité.

Enfin, l'intermédiaire en opérations de banque peut conclure de nouveaux mandats avec d'autres établissements de crédit. Tout nouveau contrat de mandat, y compris toute modification substantielle à un mandat, doit être notifié à la COBAC dans les quinze (15) jours de sa conclusion.

3/ La rémunération des intermédiaires en opérations de banque

Sur le principe, la rémunération de l'intermédiaire en opérations de banque est fixée dans le contrat de mandat qui le lie avec l'établissement de crédit mandant. Cette rémunération doit correspondre à un travail effectif réalisé par l'intermédiaire en opérations de banque. Il est donc interdit aux établissements de crédit de verser des commissions d'un montant forfaitaire aux intermédiaires en opérations de banque.

La rémunération des intermédiaires en opérations de banque, ou tout autre avantage économique qui lui est proposé, ne doit pas excéder 3 % du montant de l'affaire apportée.

Par ailleurs, il est interdit à tout intermédiaire en opérations de banque qui apporte son concours, à quelque titre que ce soit et de quelque manière que ce soit, directement ou indirectement, à l'obtention ou à l'octroi d'un crédit, de percevoir une somme représentative de provision, de commissions, de frais de recherche, de démarches, de constitution de dossier ou d'entremise quelconque, avant le déblocage effectif dudit crédit. De même, il est interdit à tout intermédiaire en opérations de banque de percevoir des commissions de la part d'un client, dans le cadre de son mandat, quel que soit le type d'opération.

4/ Les garanties financières

L'intermédiaires en opérations de banque personne morale, mandaté pour détenir des fonds, justifie à tout moment d'une garantie financière. Cette garantie financière est un dépôt constitué auprès d'un établissement de crédit agréé dans l'un des Etats membres de la CEMAC, d'un montant fixé par instruction du président de la COBAC. La convention de compte de dépôt doit prévoir : i) l'impossibilité pour l'intermédiaire d'ordonner un débit de ce compte, sauf à le clôturer ; ii) la possibilité pour l'établissement de crédit de prélever, après accord de la COBAC, des fonds sur ce compte en vue de remboursement à la clientèle en cas de préjudice causé par l'intermédiaire. A défaut, il justifie d'une police d'assurance en responsabilité civile professionnelle à due concurrence spécialement affectée au remboursement des fonds qu'il serait amené à détenir momentanément.

Les intermédiaires en opérations de banque personne physique et les intermédiaires en opérations de banque personne morale non mandatés pour détenir des fonds, doivent justifier d'une caution constituée auprès d'un établissement de crédit agréé dans l'un des Etats membres de la CEMAC, d'un montant fixé par instruction du président de la COBAC. A défaut, ils doivent justifier d'une police d'assurance en responsabilité civile à due concurrence.

PARTIE 2 : L'EXERCICE DE L'ACTIVITE BANCAIRE EN ZONE CEMAC

CHAPITRE 1 : LA GOUVERNANCE ET LE CONTROLE INTERNE AU SEIN DES ETABLISSEMENTS DE CREDIT

La question de gouvernance et de contrôle interne occupe une place centrale dans le fonctionnement des établissements de crédit. La gouvernance est encadrée par le règlement n°04/08/CEMAC/ UMAC/COBAC du 16 octobre 2008, relatif au gouvernement d'entreprise dans les établissements de crédit de la Communauté Economique et Monétaire de l'Afrique Centrale et le contrôle interne est régi par le règlement COBAC R-2016/04 relatif au contrôle interne dans les établissements de crédit et les holdings financières du 08 mars 2016.

Section 1 : Le cadre de gouvernance au sein des établissements de crédit

Le règlement n°04/08 sur la gouvernance définit les organes (§1) et les principes (§2) de gouvernance au sein des établissements de crédit. En outre, ces établissements étant constitués sous la forme juridique de société anonyme avec conseil d'administration, les dispositions pertinentes de l'Acte uniforme OHADA relatif au droit des sociétés commerciales et du Groupement d'Intérêt Economique (GIE) en matière de gouvernance leur sont applicables.

§ 1 : Les organes de gouvernance dans les établissements de crédit

Les principaux organes de gouvernance d'une banque sont le conseil d'administration et la direction générale.

A/ Le conseil d'administration

Une banque est administrée par un conseil d'administration composé de trois (3) membres au moins et de douze (12) membres au plus, actionnaires ou non. La durée du mandat des administrateurs est fixée librement par les statuts de la banque sans pouvoir excéder six (6) ans en cas de nomination en cours de vie sociale et deux (2) ans, en cas de désignation par les statuts ou par l'assemblée générale constitutive.

Les administrateurs sont nommés par l'assemblée générale ordinaire des actionnaires. En cas de nomination par le conseil d'administration de nouveaux administrateurs, celle-ci est soumise à la ratification de la plus prochaine assemblée générale ordinaire.

Les modalités de l'élection des administrateurs sont librement fixées par les statuts qui peuvent prévoir une répartition des sièges en fonction des catégories d'actions. Les administrateurs peuvent être des personnes physiques ou morales. Lorsque l'administrateur est une personne morale, lors de sa nomination, elle est tenue de designer, pour la durée de son mandat, un représentant permanent, personne physique.

Une personne physique, administrateur en nom propre ou représentant permanent d'une personne morale administrateur, ne peut appartenir simultanément à plus de cinq (5) conseils d'administration de sociétés anonymes ayant leur siège sur le territoire d'un même État partie. Cependant, ne sont pas pris en compte les mandats d'administrateur exercés par cette personne dans les sociétés contrôlées par la société dont elle est administrateur.

Toute personne physique qui, lorsqu'elle accède à un nouveau mandat, se trouve en infraction avec les dispositions de ce qui précède doit, dans les trois (3) mois de sa nomination, se démettre de l'un de ses mandats. À l'expiration de ce délai, elle est réputée s'être démise de son nouveau mandat et doit restituer les rémunérations perçues, sous quelque forme que ce soit, sans que soit remise en cause la validité des délibérations auxquelles elle a pris part.

En matière de rémunération, hormis les sommes perçues dans le cadre d'un contrat de travail, les administrateurs ne peuvent recevoir, au titre de leurs fonctions, aucune autre rémunération, permanente ou non, que celles allouées par l'assemblée générale ordinaire, en rémunération de leurs activités, à titre d'indemnité de fonction. Il s'agit d'une somme fixe annuelle que l'assemblée générale ordinaire détermine souverainement et qu'elle peut allouer aux administrateurs.

En ce qui concerne la fin des fonctions des administrateurs, sauf en cas de décès ou cessation des fonctions, les fonctions des administrateurs se terminent à la fin de l'assemblée générale ordinaire ayant statué sur les comptes de l'exercice et tenue dans l'année au cours de laquelle expire leur mandat. En outre, les administrateurs peuvent être révoqués à tout moment par l'assemblée générale ordinaire. Enfin, la cessation des fonctions d'un administrateur doit être publiée au registre du commerce et du crédit mobilier.

S'agissant des attributions du conseil d'administration, celui-ci détermine les orientations de l'activité de la banque et veille à leur mise en œuvre. Il se saisit de toute question intéressant la bonne marche de la banque et règle par ses délibérations les affaires qui la concernent.

Le conseil d'administration désigne parmi ses membres un président qui doit être une personne physique. Les séances du conseil d'administration sont présidées par le président du conseil d'administration. Il organise et dirige les travaux du conseil, dont il rend compte à l'assemblée générale. Il veille au bon fonctionnement des organes de la banque et s'assure, en particulier, que les administrateurs sont en mesure de remplir leur mission.

B/ La direction générale

Une banque est dirigée par un directeur général et un ou plusieurs directeurs généraux adjoints qui doivent être des personnes physiques. Ils sont nommés par le conseil d'administration de la banque. En outre, le conseil d'administration détermine librement la durée de leurs mandats qui peuvent être renouvelés ou non.

Le directeur général et le directeur général adjoint, assurent la direction générale de la banque. Ils la représentent dans ses rapports avec les tiers. Pour l'exercice de leurs fonctions, ils sont investis des pouvoirs les plus étendus qu'ils exercent dans la limite de l'objet social de la banque et sous réserve de ceux expressément attribués aux assemblées générales ou spécialement réservés au conseil d'administration par des dispositions légales ou statutaires.

Le directeur général et le directeur général adjoint, peuvent être révoqué à tout moment par le conseil d'administration (révocation *ad nutum*, c'est-à-dire de manière immédiate, sans formalités). Si la révocation est décidée sans juste motif, elle peut donner lieu à dommages et intérêts.

Enfin, toutes les entités opérationnelles de la banque se trouvent au niveau de la direction générale (les directions, les départements, les services etc.).

§ 2 : Les principes de gouvernance dans les établissements de crédit

A/ Les principes de gouvernance au sein du conseil d'administration

1/ Les administrateurs indépendants

Aux termes de l'article 9 du règlement CEMAC n°04/08 du 16 octobre 2008, dans sa quête d'indépendance, de professionnalisme et d'effectivité, le conseil d'administration d'un établissement de crédit doit comprendre des administrateurs indépendants parmi les administrateurs.

L'administrateur indépendant est un administrateur qui n'entretient aucune autre relation de quelque nature que ce soit avec cet établissement, avec le groupe auquel il appartient ou encore avec sa direction, qui puisse compromettre l'exercice de sa liberté de jugement.

2/ Les administrateurs exécutifs et non exécutifs

Le conseil d'administration d'une banque peut comprendre des administrateurs exécutifs et non exécutifs. Un administrateur exécutif est un administrateur qui exerce cumulativement avec sa fonction d'administrateur, une fonction au sein de l'organe exécutif de son établissement bancaire (par exemple, un directeur général qui est à la fois administrateur dans le même établissement. Il est appelé dans ce cas administrateur directeur général). Par contre, un administrateur non-exécutif est un administrateur qui n'exerce aucune fonction au sein de l'organe exécutif de l'établissement de crédit.

3/ Incompatibilité de la fonction d'administrateur avec l'exercice de certaines fonctions

Selon l'article 19 du règlement CEMAC n°04/08 du 16 octobre 2008, aucune personne assumant de hautes fonctions politiques, électives ou assimilées, de nature à compromettre l'exercice de la liberté de jugement ou à conférer en droit ou en fait une immunité de juridiction, ne peut exercer les fonctions de membre du conseil d'administration d'un établissement de crédit (par exemple, les ministres, les sénateurs, les députés, les maires, les conseillers municipaux etc. ne peuvent être administrateurs dans une banque).

Toutefois, dans les établissements de crédit à participation publique, les personnes assumant des fonctions administratives peuvent être désignées en qualité d'administrateurs représentants de l'Etat (par exemple un haut fonctionnaire du ministère des finances et du budget peut être désigné comme administrateur représentant de l'Etat au sein du conseil d'administration d'un établissement de crédit à participation publique).

4/ Les comités spécialisés au sein du conseil d'administration

Au sens de l'article 33 du règlement CEMAC n°04/08 du 16 octobre 2008, chaque établissement de crédit doit mettre en place des comités spécialisés au sein du conseil d'administration, chargés au besoin d'assister ledit conseil sur des questions spécifiques. Il s'agit du i) comité de rémunération, ii) du comité d'audit, iii) du comité de gouvernement d'entreprise, iv) et d'un comité qui conduit le processus de nomination des administrateurs et de leur réélection en fin de mandat après évaluation de leurs performances.

B/ Les principes de gouvernance au sein de la direction générale

1/ Le principe de quatre yeux

Selon l'article 15 du règlement CEMAC n°02/15 du 17 mars 2015, la direction générale des établissements de crédit doit être assurée en permanence par deux personnes physiques au moins, agréées. Il s'agit d'un directeur général et d'un directeur général adjoint qui doivent assurer en permanence la direction d'une banque.

Le principe de quatre yeux est l'exigence d'un double regard dans la direction d'un établissement de crédit, par la nomination d'au moins deux personnes, un directeur général et un directeur général adjoint agréés.

2/ Principe d'incompatibilité des fonctions de directeur général et de directeur général adjoint avec l'exercice d'autres fonctions

Selon l'article 24 du règlement COBAC R-2016/01 du 16 septembre 2016, les fonctions de directeur général et de directeur général adjoint d'un établissement de crédit sont incompatibles avec l'exercice de fonctions de mandataire social ou de tout emploi salarié dans une entité autre que ledit établissement de crédit. En effet, l'on ne peut occuper les fonctions de directeur général et de directeur général adjoint d'une banque, en exerçant parallèlement les fonctions de mandataire social (dirigeant d'une autre banque, ou société quelconque) ou d'employé dans une entité autre que l'établissement. L'incompatibilité ici vise à éviter tout risque de conflit d'intérêts et à garantir un exercice exclusif et indépendant des fonctions du directeur général et de directeur général adjoint par les personnes concernées.

Toutefois, à titre de nuance, le directeur général et de directeur général adjoint d'un établissement de crédit peuvent exercer les fonctions de mandataire social ou de tout emploi salarié dans le même établissement où ils sont en fonction, ou s'il s'agit d'un groupe bancaire, dans l'une des filiales de ce groupe (par exemple, un directeur général peut être administrateur dans son établissement ou dans l'une des filiales du groupe. Ou encore un directeur général adjoint peut être salarié dans la même banque, en charge, par exemple, de la direction administrative et financière).

3/ Principe de séparation des fonctions de président du conseil d'administration et de directeur général

Selon l'article 21 du règlement CEMAC n°04/08 du 16 octobre 2008, les fonctions de président du conseil d'administration et de directeur général d'un établissement de crédit ne doivent pas être exercées par une même personne. En effet les règles internes de la banque doivent définir la répartition des attributions entre le président du conseil d'administration et le directeur général, à l'effet d'éviter tout risque de conflit d'intérêts et à garantir un exercice indépendant de chacune des deux fonctions par deux personnes différentes. De même, cette séparation vise à garantir l'équilibre des pouvoirs et de l'autorité de manière à éviter la concentration du pouvoir de décision entre les mains d'une seule et même personne.

4/ La formalisation des mandats du directeur général et du directeur général adjoint d'un établissement de crédit

Par lettre circulaire LC-COB/12/DREGRI/DRNM/TPO du 11 février 2021, le Secrétaire Général de la COBAC a rappelé l'exigence de formalisation des mandats du directeur général et du directeur général adjoint d'un établissement de crédit. Il ressort de cette lettre circulaire que l'exercice des fonctions de directeur général ou de directeur général adjoint, notamment d'un établissement de crédit, dans la CEMAC est subordonné à l'agrément de l'Autorité monétaire, délivré après avis conforme de la COBAC.

Les modalités de désignation de ces dirigeants et leur relation contractuelle sont régies par les dispositions pertinentes de l'Acte uniforme OHADA relatif au droit des sociétés commerciales et du groupement d'intérêt économique.

En particulier, les articles 470,485 et486 de l'Acte uniforme OHADA susmentionné, complétés par la jurisprudence de la Cour Commune de Justice et d'Arbitrage (CCJA) de l'OHADA (arrêts numéros 013/2012 du 08 mars 2012, 003/2015 du 12 février 2015, 033/2016 du 29 février 2016 et 130/2017 du 18 mai 2017), ainsi que l'article 26 des règlements n° 04/08/CEMAC/UMAC/COBAC relatif au gouvernement d'entreprise dans les établissements de crédit considèrent le directeur général et le directeur général adjoint comme des mandataires sociaux. A ce titre, ils doivent être liés à l'établissement par un mandat donné par le conseil d'administration.

Section 2 : L'environnement du contrôle interne au sein des établissements de crédit

Le dispositif de contrôle interne au sein des établissements de crédit est encadré par le règlement COBAC R-2016/04. Ce texte définit, notamment les principes généraux (**§1**) l'organisation (**§2**) du dispositif de contrôle interne au sein des établissements de crédit.

§ 1 : Généralités sur le contrôle interne au sien des établissements de crédit

A/ Principes généraux de contrôle interne

Il ressort du règlement COBAC R-2016/04 que les établissements de crédit doivent se doter d'un dispositif de contrôle interne qui est en adéquation à la nature, au volume de leurs activités, à leur taille et aux risques auxquels ils sont exposés. Pour ce faire, les établissements de crédit doivent veiller à ce que leur dispositif de contrôle interne s'intègre de manière permanente dans l'organisation, les méthodes et les procédures de chacune de leurs activités ; s'assurer que le nombre et la qualification des personnes qui participes au fonctionnement du système de contrôle interne ainsi que les moyens mis leur disposition, notamment les outils de suivi et les méthodes d'analyse des risques, sont adaptés aux activités, à la taille et aux implantations de l'établissement et disposer d'un personnel réalisant des contrôles permanents ou périodiques.

En particulier, les banques doivent mettre en œuvre pour chaque risque un système d'identification, d'analyse, de mesure, de surveillance, d'atténuation ou de maîtrise, ainsi que de contrôle des risques comprenant, entre autres :

- la cartographie des risques qui identifie et évalue l'ensemble des risques encourus au regard de facteurs internes (notamment la complexité de l'organisation, la nature des activités, le professionnalisme des personnes et la qualité des systèmes) et externe (notamment les conditions économiques et les évolutions réglementaires) ;
- la définition de la politique de l'établissement au regard de chaque risque formulée par l'organe exécutif et approuvé par l'organe délibérant ;
- l'organisation des activités générant ce risque, avec les procédures relatives aux limites spécifiques ;
- les conditions opérationnelles de gestion des activités générant ce risque ;
- les procédures de mesure du risque ;
- les procédures de contrôle permanent et périodique du risque ;
- les procédure d'atténuation ou de maîtrise du risque ;

- l'information sur le risque fournie aux organes délibérant et exécutif et à la COBAC.

Enfin, les banques doivent se doter d'un dispositif de contrôle interne qui comprend : un système de contrôle des opérations et des risques ; des procédures internes écrites ; une organisation comptable ; un système de traitement de l'information ; des systèmes de mesure des risques et des résultats ; des systèmes de surveillance et de maitrise des risques ; un système de *reporting* et de documentation.

B/ Les niveaux du système de contrôle interne

Le système de contrôle interne dans les établissements de crédit comprend deux niveaux i) le contrôle permanent et ii) le contrôle périodique ou audit interne.

1/ Le contrôle permanent

Le contrôle permanent comprend deux échelons :

- **Le premier échelon** est assuré par le personnel opérationnel, par l'encadrement des équipes et par les responsables hiérarchiques ;
- **Le second échelon** est composé i) du contrôle interne des opérations, ii) de la fonction de conformité et iii) de la gestion des risques. Le second échelon s'assurer de la bonne exécution des contrôles du premier échelon. Il est assuré *a postériori*, par les équipes dédiées aux missions

de contrôle de la conformité, qui n'exercent pas de fonctions opérationnelles.

2/ Le contrôle périodique ou audit interne

Le contrôle périodique ou audit interne est effectué sous la responsabilité de l'organe délibérant et du comité d'audit, par un personnel indépendant intervenant sur pièces ou sur place dans le cadre d'audits ponctuels (la direction d'audit interne).

§ 2 : Organisation du dispositif du contrôle interne au sein des établissements de crédit

A/ Les attributions de l'organe délibérant

Dans le dispositif du contrôle interne, l'organe délibérant (le conseil d'administration) s'assure de la mise en place et du suivi par l'organe exécutif du système de contrôle interne. A ce titre, il procède, au moins une fois par an, à l'examen de l'activité et des résultats du contrôle interne sur la base des informations qui lui sont adressées par l'organe exécutif.

En outre, les attributions de l'organe délibérant consiste à : définir et revoir au moins par an l'ensemble des stratégies commerciales et des politiques significatives de l'établissement de crédit ; appréhender les risques principaux encourus par l'établissement ; approuver la politique globale de gestion des risques ainsi que les orientations stratégiques de gestion risque pris individuellement ; fixer des limites pour ces risques et s'assurer que l'organe exécutif prend les mesures nécessaires pour identifier, mesurer, suivre et contrôler ces risques en vue de les atténuer ou les maîtriser ; approuver la structure organisationnelle de la banque et vérifier que la direction générale s'assure de l'efficacité du système de contrôle interne.

B/ Les attributions de l'organe exécutif

La responsabilité de l'organe exécutif (la direction générale) dans l'implémentation du dispositif de contrôle interne consiste à : mettre en œuvre les stratégies et politiques approuvées par l'organe délibérant ; mettre en place les politiques de contrôle interne appropriées ; développer les processus qui permettent d'identifier, de mesurer, de suivre et de contrôler les risques encourus par l'établissement de crédit : maintenir une structure organisationnelle qui assigne clairement des relations de *reporting*, d'autorité et de responsabilité ; s'assurer que les responsabilité déléguées sont effectivement respectées et suivre l'adéquation et l'efficacité du système de contrôle interne.

L'organe exécutif élabore également les procédures qui permettent de garantir la séparation des tâches et de prévenir les conflits d'intérêts conformément aux instructions de l'organe délibérant. Enfin, il veille à promouvoir, au sein de l'établissement une culture de contrôle interne qui mette l'accent sur la nécessité, pour chaque agent, d'assumer ses tâches dans le respect des dispositions légales et règlementaires en vigueur.

C/ Les attributions du comité d'audit

Le comité d'audit est une émanation du conseil d'administration et fait partie des comités spécialisés de cet organe. Il est présidé par un membre du conseil d'administration et composé d'au moins trois membres, tous administrateurs, dont un administrateur indépendant de l'établissement concerné.

S'agissant de ses travaux, le comité d'audit se réunit au moins trois fois par an. Les membres de l'organe exécutif, le responsable de l'audit interne et les commissaires aux comptes de l'établissement peuvent être entendus par le comité d'audit lors de ses travaux. Toutefois, ces derniers peuvent en aucun cas prendre part aux travaux du comité d'audit de façon continue ni participer aux délibérations de ce comité.

Concernant ses attributions en matière de contrôle interne, le comité d'audit assiste le conseil d'administration dans la supervision du système de contrôle interne de l'établissement de crédit. A ce titre, il lui rend compte régulièrement de l'exercice de ses missions et informe sans délai de toute difficulté rencontrée.

Au titre de ses fonctions, le comité d'audit doit s'assurer de la fiabilité et de la clarté des informations financière préparées par l'organe exécutif et les auditeurs externes et porter une appréciation sur la pertinence et la permanence des méthodes comptables adoptées pour l'élaboration des comptes ; de la qualité et de l'efficacité des dispositifs de contrôle interne, notamment la cohérence des systèmes de mesure, de surveillance et de maitrise des risques et proposer autant que de besoin des actions complémentaires à ce titre ; du suivi du contrôle légal des comptes annuels et, le cas échéants, des comptes consolidés par les commissaires aux comptes ; de l'indépendance des commissaires aux comptes. Pour cela, le comité d'audit donne, à l'organe délibérant, son avis sur les commissaires aux comptes proposés à la désignation par l'assemblée générale ; de la validation préalable de toute autre mission.

D/ Les attributions du contrôle permanent

Les banques doivent désigner un ou plusieurs responsables de contrôle permanent. Les responsables au niveau le plus élevé ne doivent pas effectuer les opérations commerciales, financières ou comptables.

Le dispositif de contrôle permanent permet aux établissements de crédit de s'assurer du contrôle régulier et permanent au niveau des unités opérationnelles, afin de garantir la régularité, la sécurité, la validation des opérations réalisées et le respect des autres diligences liées à la surveillance des risques de toute nature associée aux opérations de l'établissement.

Ainsi, le contrôle permanent permet de s'assurer que l'analyse spécifique des risques a été conduite de manière rigoureuse ; que les procédures de mesures de fixation des limités et de contrôle des risques encourus sont adéquates ; que, le cas échéant, les adaptations nécessaires des procédures en place ont été engagées ; qu'un suivi des risques accompagné des moyens suffisants pour sa mise en œuvre est mis en place.

E/ Les attribution de l'audit interne

L'audit interne est un système de contrôle interne de deuxième niveau dont la mise en place par les établissements de crédit doit permettre de vérifier, selon une périodicité adaptée, la régularité et la conformité des opérations et l'efficacité des dispositifs de premier niveau, notamment leur adéquation à la nature de l'ensemble des risques associés aux opérations de l'établissement.

L'audit interne fonctionne de manière indépendante par rapport à l'ensemble des structures à l'égard desquelles il exerce ses missions. Au titre de ses attributions, l'audit interne assure un suivi du système de contrôle interne de l'établissement et veille à sa cohérence à travers l'évaluation des différents niveaux de contrôle au sein de l'établissement. Il est chargé également d'évaluer de façon périodique, l'efficacité des processus de gestion des risques et de la gouvernance, des procédures et des politiques internes ainsi que le bon fonctionnement des différents niveaux de contrôle de l'établissement.

L'audit interne évalue : le processus de communication financière et examine la fiabilité et l'exactitude des informations communiquées aux tiers ; les modèles internes de mesure et de suivi des risques ; les procédures internes d'évaluation de l'adéquation des fonds propres de l'établissement ; l'approche globale de gestion de la continuité de l'activité au sein de l'établissement ; les contrôles effectués par la structure en charge de la conformité.

Le responsable de l'audit interne est nommé et révoqué par l'organe délibérant sur proposition de l'organe exécutif, après approbation du comité d'audit. Il est hiérarchiquement et de façon administrative rattaché à l'organe exécutif. Toutefois, il est directement et fonctionnement rattaché à l'organe délibérant et au comité d'audit auxquels il rend compte de ses missions en toute indépendance.

F/ Les attributions du contrôle de la conformité

Les banques doivent désigner un responsable en charge de veiller à la cohérence et à l'efficacité du contrôle du risque de non-conformité. Ce responsable rend compte de sa mission directement à l'organe exécutif de l'établissement et au comité des risques.

Le contrôle de conformité permet de suivre le risque de non-conformité et répond aux conditions ci-après : le contrôle de conformité est une structure indépendante des entités opérationnelles et directement rattachée à l'organe exécutif ; il s'assure de la coordination de la gestion du risque de non-conformité au sein de l'établissement ; le contrôle de conformité doit être exclusif de l'exercice de toute autre fonction au sein de l'établissement pour éviter tout conflit d'intérêt ; certaines tâches liées aux responsabilités du contrôle de conformité peuvent être déléguées à des services, cellules départements. Dans cette hypothèse, le contrôle de conformité assume un rôle de coordination entre les entités chargées de l'exécution des tâches découlant de ses responsabilités ; les personnes en charge de la conformité doivent posséder un niveau élevé de compétence dans le domaine des activités bancaires et financières et une connaissance approfondie des règles et normes en vigueur.

G/ Le dispositif de gestion des risques

Le dispositif de gestion des risques concerne l'ensemble des agents et unités en charge de la mesure, de la maitrise et de la surveillance des risques de l'établissement de crédit. La gestion des risques est placée sous l'autorité de l'organe exécutif et la supervision d'un comité des risques mis en place par l'organe délibérant.

Le comité des risques a pour mission d'assister l'organe délibérant dans la conduite du dispositif de gestion des risques au sein de la banque. Il a comme principales attributions : de conseiller l'organe délibérant sur la définition d'une politique de gestion des risques ; de proposer des limites pour chaque type de risque et de s'assurer périodiquement du respect de ces limites par l'organe exécutif ; d'évaluer périodiquement la qualité du dispositif de mesure, de maîtrise et de surveillance des risques au niveau de l'établissement ; de s'assurer de l'adéquation des systèmes d'information au regard de la nature des activités de l'établissement et de veiller à l'allocation de moyens humains et matériels à la fonction de gestion des risques et de garantir l'indépendance de cette fonction.

Enfin, les banques doivent désigner un responsable de gestion des risques qui rend compte de sa mission au comité des risques et à l'organe exécutif. Il est nommé et démis de ses fonctions par le conseil d'administration, sur proposition de la direction générale. Il ne doit effectuer aucune opération commerciale, financière ou comptable.

Au titre de ses attributions, le responsable de la gestion des risques s'assure, notamment de la mise en œuvre des systèmes de mesure des risques. A ce titre, il s'assure que le niveau des risques encourus par l'établissement de crédit est compatible avec les orientations et politiques fixées par l'organe de surveillance et les limites fixées par l'établissement. Il doit alerter le comité des risques et l'organe exécutif de toute situation susceptible d'avoir des répercussions significatives sur la maîtrise des risques. Le responsable de la gestion des risques procède, au moins une fois par an, à une simulation de crise sur les risques les plus significatifs.

CHAPITRE 2 : LA RELATION BANQUE – CLIENT

La relation entre une banque et son client est avant tout contractuelle. Ce contrat produit des effets à l'égard des parties. En effet, à la base, la banque et son client sont liés par une convention de compte qui définit leurs droits et obligations réciproques. Le respect des engagements des parties constitue le socle de la relation banque-client.

Section 1 : Le fondement contractuel de la relation banque - client

§ 1 : La convention de compte bancaire

L'article 10 du règlement N°03/16/CEMAC/UMAC/CM relatif aux systèmes, moyens et incidents de paiement du 21 décembre 2016 prévoit que toute ouverture de compte bancaire donne lieu à la conclusion d'une convention de compte écrite entre l'établissement de crédit et son client. Cette convention fixe les obligations réciproques de l'établissement de crédit et de son client.

Il s'agit, en effet, d'un contrat passé entre le client et sa banque, qui détaille les règles de fonctionnement du compte, les tarifs appliqués ou encore les diverses dispositions qui régissent les rapports entre les deux parties. Ce document contient la totalité des engagements contractuels entre la banque et le client, de l'ouverture à la clôture du compte. Plus particulièrement, la convention de compte bancaire contient les éléments ci-après :

- les conditions générales d'ouverture, de transfert et de clôture du compte ;
- les règles de fonctionnement du compte, de l'utilisation des moyens de paiements et du découvert bancaire autorisé ;
- les tarifs associés au fonctionnement du compte ;
- la façon de calculer les intérêts débiteurs et les dates de valeur ;
- les étapes à suivre en cas d'incident de fonctionnement ;
- le devenir du compte en cas de décès du souscripteur ;
- l'instruction du recours de saisie du médiateur bancaire en cas de différends entre les deux parties et de toute autre voie de recours en cas de contestation.

A/ L'ouverture, le fonctionnement et la clôture du compte bancaire

1/ L'ouverture du compte bancaire

a/ L'identification du client ou connaissance du client : « *Know Your Customer* » ou « *KYC* »

L'ouverture d'un compte bancaire nécessite de la part du futur client de fournir à l'établissement bancaire des pièces justificatives de son identifié. Celles-ci portent aussi bien sur son identité à proprement parler (passeport, carte nationale d'identité, permis etc.), sur le lieu de sa résidence (attestation de résidence, avis d'imposition, facture d'électricité, titre de propriété, etc.), sur son revenu (attestation de travail, bulletins de salaire etc.). Le souscripteur doit aussi fournir un spécimen de sa signature.

Tous ces éléments permettent à la banque de vérifier l'identité du client. Cette procédure est une obligation imposée par les organismes chargés de superviser les banques. Leur objectif est de lutter contre le blanchiment des capitaux, le financement du terrorisme et la prolifération. A ce titre, la banque est susceptible de s'informer de l'objet et de la nature de la relation commerciale ainsi que de tous les éléments de renseignement pertinents sur le souscripteur. Cette vigilance doit durer tout au long de la période contractuelle.

> Dans le cadre de l'identification du client, la banque doit donc mettre en place une véritable politique de connaissance du client, « *Know Your Customer* » ou « *KYC* », conforme aux textes réglementaires en vigueur.

b/ Les différents types de comptes bancaires

❖ Les comptes bancaires en fonction de leur usage

- ***Le compte courant*** : aussi appelé compte de dépôt ou compte chèque ou compte à vue, ce type de compte bancaire est le plus utilisé. Le compte courant permet d'effectuer plusieurs opérations courantes : recevoir et conserver son argent (salaire, pension, allocation etc.), réaliser des virements, des dépenses quotidiennes ;

- *Le compte épargne* : le compte épargne ou « compte sur livret » permet de placer son revenu dans un établissement bancaire, en vue d'une épargne pour une utilisation future. En effet, il s'agit des comptes de dépôt énumérés qui ne permettent pas, généralement de réaliser directement des paiements et les opérations courantes ;
- *Le compte à terme* : le compte à terme est un type de compte bancaire qui permet de placer l'argent et de faire fructifier son épargne. À la différence du compte épargne simple, l'argent déposé sur le compte à terme est immobilisé pendant la durée du contrat, souvent de plusieurs années. L'intérêt est que plus l'argent reste longtemps sur le compte, plus le taux est élevé. Toutefois, un retrait des fonds avant échéance peut engendrer des pénalités ;
- *Le compte-titres* : le compte-titres est destiné à des utilisations assez particulières, notamment à l'acquisition et aux dépôts de valeurs immobilières, comme les actions boursières, les parts de fonds de placement, les obligations etc.

❖ Les comptes bancaires en fonction du nombre des titulaires

- *Le compte individuel* : le compte individuel est un compte bancaire ouvert par une seule personne, appelé titulaire. Seul le titulaire peut faire fonctionner le compte, sauf à donner procuration à une autre personne d'agir en son nom et pour son compte ;
- *Le compte joint* : le compte joint est un compte bancaire ouvert par au moins deux personnes (les cotitulaires) pour faciliter la gestion des dépenses

communes (Ex. Madame et Monsieur). Les cotitulaires sont responsables solidairement du compte. L'ouverture et la clôture du compte doivent être signées par tous les cotitulaires.

- ***Le compte indivis*** : le compte indivis (ou compte en indivision) est un compte bancaire collectif sur lequel les opérations réalisées doivent être approuvées par tous les cotitulaires (les indivisaires). L'ouverture et la clôture du compte doivent être signées par tous les cotitulaires.

❖ **Autres types de comptes bancaires**

- ***Le compte offshore*** : une banque offshore est une banque située à l'extérieur du pays de résidence du client, souvent dans un pays à faible imposition (ou paradis fiscal) qui fournit des avantages financiers et juridiques au titulaire du compte. Un compte bancaire offshore est donc un compte bancaire tenu par une banque située à l'extérieur du pays de résidence du titulaire du compte. Il s'agit le plus souvent d'un compte placé dans une juridiction offrant des avantages aux niveaux des impôts et de certains services financiers au profit du client ;
- ***Les comptes pour mineur ou majeur protégé*** : il s'agit d'un compte ouvert au profit d'un mineur ou d'un majeur protégé. Pour son fonctionnement, ce compte est géré par la personne en charge du mineur (tuteur) ou du majeur protégé (curateur ou tuteur). Pour le cas du mineur, une fois que celui-ci atteint l'âge de la majorité, il peut gérer lui le compte.

2/ Le fonctionnement du compte bancaire

Le compte bancaire enregistre les opérations qui vont être des applications de la convention de compte (versement, retraits, virements, prélèvements etc.). Seul le titulaire du compte ou son mandataire sont habilités à effectuer des opérations au débit. Par contre, quiconque peut effectuer une opération au crédit. Le client peut exiger de sa banque l'identité de la personne qui a effectué une opération au crédit à son profit. Tout ordre émanant d'un client doit être écrit et signé. Le banquier se doit de s'assurer de la conformité apparente de la signature au spécimen dont il dispose.

3/ La clôture du compte bancaire

Le compte bancaire peut être clôturé à l'initiative du client ou de la banque. Dans la première hypothèse, tout titulaire d'un compte peut décider de sa clôture quand il le souhaite. Le titulaire doit envoyer une lettre de clôture de compte pour officialiser sa demande. Dans, la seconde hypothèse, il arrive que ce soit la banque qui décide de rompre la convention de compte.

Une banque qui clôture un compte doit avertir par écrit son client en respectant un délai. La fermeture peut même intervenir avant ce délai quand il y a un problème solvabilité manifeste et des incidents de paiement réguliers. Les sommes portées au crédit du compte sont reversées au titulaire. En cas de compte négatif, si le compte est à découvert, le détenteur doit régulariser sa situation.

B/ Les moyens de paiement

Les moyens de paiement sont utiles au fonctionnement des comptes bancaires. Ils sont définis par le règlement CEMAC N°03/16 du 21 décembre 2016. En effet, dans le cadre de fonctionnement d'un compte bancaire, l'établissement de crédit met à la disposition de son client des moyens des paiements qui peuvent être des formules de chèques, des cartes de paiement ou tout autre moyen de paiement.

1/ Le cheque

Le chèque est un moyen de paiement par lequel le titulaire d'un compte bancaire donne l'ordre à sa banque de payer une certaine somme à un bénéficiaire. Le chèque se présente sous forme d'un carnet de chèques. Il permet de transférer de l'argent d'un compte bancaire à un autre et peut être utilisé comme moyen de règlements. Un chèque n'est pas encaissable en espèces, sauf s'il s'agit pour le titulaire du compte de retirer des fonds à sa propre banque. Il ne peut donc être encaissé que par l'intermédiaire d'un compte en banque ouvert au nom du bénéficiaire du chèque.

2/ La carte de paiement

Constitue une carte de paiement toute carte émise par un établissement de crédit et permettant à son titulaire de transférer des fonds. La carte de paiement donne lieu à un débit immédiat du compte du titulaire. Elle peut donner lieu à un débit différé ou à toute autre forme de crédit en vertu d'une stipulation expresse du contrat conclu entre l'émetteur et le titulaire de la carte.

3/ Le virement

Le virement est l'opération par laquelle, la banque, teneur du compte, sur ordre de son client, transfère des sommes au profit d'un tiers bénéficiaire désigné, par le crédit de son compte et le débit du compte du donneur d'ordre.

4/ Le prélèvement

Le prélèvement est l'acte par lequel un débiteur titulaire d'un compte (client), autorise son créancier à prélever, à une certaine date, des sommes sur son compte bancaire à titre de règlement de sa dette au moyen d'un avis de prélèvement et ordonne à l'établissement de crédit teneur de compte de transférer lesdites sommes au crédit du compte du créancier émetteur de l'avis de prélèvement. L'autorisation de prélèvement émise par le client et présentée au teneur de compte domiciliataire par l'avis de prélèvement du porteur bénéficiaire s'exécute par un virement.

§ 2 : La protection de la clientèle des établissements de crédit

Le règlement n°01/20/CEMAC/UMAC/COBAC du 03 juillet 2020, relatif à la protection des consommateurs des produits et services bancaires dans la CEMAC prévoit les mécanismes de protection de la clientèle des banques. Ce règlement est assorti des textes d'application, notamment le règlement COBAC R-2020/04 relatif au service bancaire minimum garanti et le règlement COBAC R-2020/06 relatif au traitement des réclamations des consommateurs des produits et services bancaires dans la CEMAC du 30 juillet 2020. D'une manière générale, ces règlements définissent les principes généraux de protection de la clientèle des banques et le mécanisme de traitement de leurs réclamations.

A/ Principes généraux de protection de la clientèle des banques

1/ Le droit au compte

Aux termes de l'article 7 du règlement CEMAC N°03/16 du 21 décembre 2016, toute personne physique ou morale domiciliée dans un État membre de la CEMAC et dépourvue d'un compte de dépôt, a droit à l'ouverture d'un tel compte dans l'établissement de crédit de son choix. En cas de refus établi, d'au moins trois établissements choisis, la personne peut saisir la Banque Centrale afin qu'elle désigne un établissement qui est tenu d'ouvrir le compte de dépôt et d'assurer sur ce compte au minimum les services de base liés aux opérations de dépôt, de retrait et de virement au guichet, au traitement d'avis de prélèvement et à la remise de toute autre formule de retrait. Les dispositions de l'alinéa précédent s'appliquent lorsque le demandeur reçoit trois refus successifs du seul établissement de crédit de son lieu de résidence.

2/ Obligations d'information et de transparence des banques

Les obligations d'information et de transparence exigent aux établissements de crédit de publier leurs conditions de banque. En effet, ils doivent publier leurs conditions de banque applicables à leur clientèle dans les conditions fixées à l'article 22 et suivants du règlement n°04/19/CEMAC/UMAC/CM relatif au taux effectif global et à la répression de l'usure et la publication des conditions de banque dans la CEMAC signé le 10 aout 2020.

Les conditions des banques constituent l'ensemble des règles tarifaires que les établissements de crédit définissent pour régir les opérations avec leur clientèle, y compris dans les situations exceptionnelles. Elles comprennent, notamment :

- les taux créditeurs et débiteurs applicables aux opérations avec la clientèle ;
- les commissions perçues par l'établissement de crédit dans le cadre des opérations avec la clientèle ;
- les frais et commissions perçus sur les services d'assurance ;
- les frais liés aux divers autres services offerts par l'établissement ;
- les seuils de référence des taux d'intérêts usuraires ;
- les prélèvements obligatoires au profit de l'Etat ou des institutions publiques.

Enfin, les banques publient trimestriellement ou immédiatement après toute modification, leurs conditions de banque applicables à la clientèle par insertion dans un journal d'annonces légales par affichage permanent dans leurs agences, guichets et site internet.

3/ Obligation de conseil des banques

L'obligation du conseil des banques est le prolongement des obligations d'information et de transparence. En effet, dans le cadre de leur relation avec leurs clients, les établissements de crédit doivent avoir comme objectif d'agir au mieux dans les intérêts de ceux-ci. Ils sont tenus d'offrir à leurs clients des produits et services adaptés à leurs besoins et leur situation financière. Pour cela, préalablement à la fourniture d'un produit ou service bancaire au profit d'un client, les banques doivent s'enquérir des exigences et des besoins du client, de sa situation financière, de ses connaissances et de son expérience en matière financière, afin de délivrer un conseil adapté au client et à la complexité de la convention qu'il va souscrire.

4/ Le taux effectif global (TEG)

Le Taux Effectif Global (TEG) du crédit est le taux annuel qui mesure le cout réel du crédit supporté par l'emprunteur (le client). Le TEG comprend les éléments ci-après :

- les intérêts calculés sur la base du taux nominal contractuel ;
- les frais du dossier ;
- les primes d'assurance liées à la mise en place du crédit ;
- le cas échéant, les frais d'enregistrement de la convention du crédit ;
- le cas échéant, les frais de constitution des sûretés exigées par la banque ;
- le cas échéant, les rémunérations et les frais à payer ou dus à des intermédiaires en opérations de banque ayant intervenus dans l'opération ;
- les commissions ou toutes autres rémunérations liées à l'octroi du crédit.

Le TEG est déterminé pour chaque crédit avant sa mise en place et ce taux restera applicable pendant la période contractuelle. En cas de révision du TEG pour toute autre raison, celle-ci doit être portée à l'attention du client emprunteur.

5/ Le service bancaire minimum garanti

Il s'agit du minimum des prestations bancaires dont bénéficie, à titre gratuit, tous les clients des banques. Ces services sont prévus à l'article 2 du règlement COBAC R-2020/04 du 30 juillet 2020 et comprennent :

- l'ouverture de compte ;
- la tenue de compte ;
- le changement d'éléments d'identification constitutifs du dossier du consommateur ;
- la délivrance du relevé d'identité bancaire ;

- le cas échéant, la délivrance du livret d'épargne et son renouvellement ;
- la consultation du compte dans les agences de l'établissement ;
- la consultation de solde dans les guichets automatiques de l'établissement du porteur de la carte ;
- l'avis de débit ou de crédit par voie électronique ;
- la remise, une fois par mois, sur support papier au guichet, ou par voie électronique, selon le choix du consommateur, du relevé de compte mensuel ;
- la remise, une fois par an, sur support papier au guichet, ou par voie électronique, au consommateur qui en fait la demande, d'un récapitulatif des frais et opérations ne résultant pas d'un ordre du consommateur, enregistrés sur son compte au cours de l'année civile précédente ;
- la délivrance d'une attestation de non redevance par an et à la clôture de compte ;
- la domiciliation du salaire ;
- le versement d'espèces dans les agences de l'établissement ;
- la délivrance au guichet des formules de retrait d'espèces au profit du titulaire d'un compte ;
- la délivrance de cinquante formules de chèque par an au titulaire du compte ;
- le retrait d'espèces dans les agences de l'établissement ;

- le retrait de billets dans les guichets automatiques de l'établissement du porteur de la carte ;
- le paiement par carte dans la CEMAC ;
- le paiement par chèque ;
- l'encaissement de chèques tirés sur une banque de la CEMAC ;
- le virement de compte à compte dans le même établissement ;
- l'encaissement de virements nationaux, communautaires et internationaux.

B/ Le traitement des réclamations de la clientèle des établissements de crédit

Le traitement des réclamations de la clientèle des banques est encadré par le règlement COBAC R-2020/06 du 30 juillet 2020. Ce texte définit les obligations préalables des banques en matière de traitement des réclamations de leur clientèle (1) et le dispositif à proprement parler de traitement de ces réclamations (2).

1/ Les obligations préalables des banques en matière de traitement des réclamations de la clientèle

Avant tout engagement contractuel, les banques doivent fournir à leur clientèle, des informations essentielles sur leur droit de faire une réclamation, notamment les procédures y relatives, les coordonnées de la personne ou du service en charge du traitement des réclamations au sein de l'établissement, ainsi que celles du médiateur des litiges de consommation des produits et services bancaires.

Ces informations sont communiquées sans équivoque, dans une langue officielle de l'Etat, sous une forme claire et aisément compréhensible, soit :

- par écrit électronique, lorsque la demande est effectuée par voie électronique ;
- par remise physique, contre décharge, des documents au consommateur qui se présente aux guichets de l'établissement.

2/ Le dispositif du traitement des réclamations de la clientèle des banques

Le dispositif du traitement des réclamations des clients des banques comprend le traitement des réclamations par i) une personne ou un service interne de la banque, ii) la médiation, iii) le recours aux associations de protection de la clientèle et iv) le recours à la justice étatique.

a/ Une personne ou un service interne de la banque chargé des réclamations des clients

Les établissements de crédit sont tenus de désigner une personne ou un service chargé des réclamations des clients et de définir les procédures de traitement y relatives. La personne ou le service désigné remplit toutes les conditions d'indépendance nécessaires pour traiter en toute impartialité les réclamations reçues des clients. En particulier, la personne ou le service chargé des réclamations des consommateurs est indépendant des unités opérationnelles et placé à un niveau hiérarchique suffisamment élevé.

En matière de traitement des réclamations des clients, les banques doivent apporter, par tout moyen laissant trace écrite, une réponse claire et personnalisée à chaque réclamation. Les délais de traitement des réclamations par les établissements n'excèdent pas, au total :

- dix jours ouvrables à compter de la réception de la réclamation, pour en accuser réception ;
- quarante-cinq jours à compter de la réception de la réclamation, pour l'envoi de la réponse au consommateur par tout moyen laissant trace écrite.

Enfin, le traitement des réclamations est gratuit.

b/ La médiation

La médiation est tout processus dans lequel une banque et son client demandent à un tiers, appelé médiateur de les aider à parvenir à un règlement amiable d'un litige découlant de leur rapport contractuel. La médiation est gratuite et est organisée par le Conseil National Economique et Financier (CNEF), sous la supervision de la COBAC.

Dans le cadre de la médiation, toute demande adressée au médiateur doit avoir été précédée d'une première démarche écrite ayant fait l'objet d'un rejet total ou partiel auprès de l'établissement de crédit. La durée de la médiation est de trois mois à compter du moment où les deux parties acceptent la procédure.

Toutefois, cette durée peut être prorogée de deux mois par le médiateur en cas de difficulté à résoudre le litige dans le délai imparti. Les parties sont notifiées en temps opportun des motifs de cette prorogation de durée. Une copie de cette notification est adressée à la COBAC.

La médiation prend fin soit par la résolution amiable du différend, soit par le constat d'un désaccord persistant ou du désistement de l'une des parties, soit par le constat d'un défaut d'accord amiable au terme du délai de la médiation.

c/ L'association de protection des consommateurs des clients des banques

Les associations régulièrement déclarées à la COBAC ayant pour objet statutaire explicite la défense des intérêts des clients des banques peuvent, si elles ont été agréées à cette fin par les autorités nationales, assister les consommateurs (clients des banques) dans le traitement des réclamations auprès des établissements de crédit, des procédures de médiation, arbitrale ou judiciaires.

Elles peuvent, le cas échéant, saisir les juridictions nationales compétentes aux fins d'exercer les droits reconnus à la partie civile relativement aux faits portant un préjudice direct ou indirect à l'intérêt collectif des consommateurs. Pour cela, elles agissent dans les limites des dispositions législatives et réglementaires en vigueur dans les Etats membres de la CEMAC de leur siège social.

En dehors des frais d'adhésion et cotisation, les services et actions des associations de consommateurs des produits et services bancaires en faveur de leurs membres sont gratuits.

d/ Le recours à la justice étatique

La relation entre la banque et sa clientèle est une relation contractuelle, soumise entre autres au droit des contrats. A ce titre, en cas de litige, à défaut de recours à l'un des mécanismes de traitement des réclamations sus-indiqués, les parties prenantes (la banque et son client) peuvent saisir les tribunaux nationaux pour demander la résolution de leur différend.

Section 2 : La portée de la relation banque – client

§ 1 : le secret bancaire

Le banquier est un professionnel qui comme d'autres est tenu à un devoir de confidentialité (par exemple, le médecin est tenu au secret médical et le banquier est tenu au secret bancaire). Le secret bancaire est une obligation morale à laquelle est tenu l'ensemble du personnel d'une banque. Cela signifie qu'un banquier n'a pas le droit de divulguer des informations personnelles et bancaires de ses clients à une personne tierce. Ce droit à la discrétion relève du secret professionnel transposé dans le milieu bancaire. Comme dans tout secret, il s'agit d'une relation tripartite. Elle implique le client, la banque et le tiers au secret.

A/ L'étendue du secret bancaire

1/ Les informations couvertes par le secret bancaire

Le secret bancaire porte sur des faits qui ne sont pas publics, mais plutôt privés. Ensuite, les informations visées par le secret bancaire ont une certaine précision auxquelles ont opposé les informations générales. Sont précises toutes les informations chiffrées sur un client (solde de ses comptes, montant des opérations, numéro de compte, type d'opération effectué, mais aussi nom des bénéficiaires de ces opérations).

En particulier, le secret bancaire porte sur les informations relatives :

- à la vie privée du client ;
- au montant des revenus du client ;
- au montant des avoirs détenus ;
- au niveau de recettes ;
- aux opérations bancaires ou patrimoniales effectuées ;
- à la situation du compte et les mouvements réalisés.

En cas de violation du secret bancaire, la banque est passible de sanctions pénales. Elle peut aussi être condamnée à des dommages et intérêts au profit des personnes ayant subi le préjudice. Enfin, la durée du secret bancaire est illimitée. Le banquier doit garder le secret bancaire, même si le client change de banque en domiciliant son compte dans un autre établissement ou en cas de décès du client.

2/ Les bénéficiaires du secret bancaire

Le bénéficiaire du secret bancaire est le client de la banque, mais aussi son mandataire ou représentant. Toutefois, chaque titulaire d'un compte bancaire peut renoncer à la protection que lui confère le secret bancaire. Ainsi, le titulaire d'un compte peut délivrer ou non des informations bancaires ou personnelles à un tiers dès lors que la divulgation de ces informations n'est pas formellement interdite par la loi. De même, les établissements bancaires ont la possibilité de communiquer des informations couvertes par le secret bancaire uniquement s'ils ont obtenu l'accord du titulaire du compte à cet effet.

B/ Les dérogations au secret bancaire

1/ les dérogations liées à l'intérêt général

La banque ne peut pas opposer le secret bancaire face à un motif d'intérêt général. Autrement dit, face à un motif d'intérêt général, le secret bancaire est totalement levé. Ainsi, dans les cas suivants, les informations bancaires d'un client peuvent être communiquées par la banque lorsque :

- la demande d'informations émane de la COBAC ;
- la demande d'informations provient d'une autorité judiciaire dans le cadre d'une procédure pénale ;

- la demande d'informations est formulée par la Banque Centrale ;
- la demande d'informations est exprimée par le fisc, la douane le trésor etc. ;
- la demande d'informations est exprimée par l'Agence Nationale d'Investigation Financière (ANIF) etc.

2/ Les dérogations liées à l'intérêt particulier

Le secret bancaire connaît quelques limites. Des personnes peuvent exiger la transmission de renseignements bancaires. Il s'agit par exemple :

- des ayants droits du client de la banque : il s'agit des personnes qui ont des intérêts communs avec le titulaire du compte ;
- du cotitulaire d'un compte joint ;
- des époux en cas de procuration sur leurs comptes. En revanche, les banques doivent respecter le secret professionnel si le conjoint a ouvert un compte en son nom personnel ;
- des mandataires, dans la limite des termes du mandat ;
- des héritiers (nature des opérations dont ils vont hériter). Les opérations qui relèvent de la vie privée doivent quant à elles rester secrètes ;
- des relations commerciales : dans ce cas, les banques divulguent des informations sans enfreindre le secret bancaire ;
- des incidents de paiement : rejet d'un chèque dans un commerce (chèque sans provision) ;

- des pensions alimentaires et injonctions de payer : prélèvement d'office sur le compte d'un client des pensions alimentaires non réglées (cas de divorce).

§ 2 : Les diligences des établissements de crédit en matière de LBC/FT

Les banques doivent mettre en place des politiques adéquates, dans le cadre de leur relation avec leurs clients, pour lutter contre le blanchiment des capitaux, le financement du terrorisme et la prolifération, conformément au règlement COBAC R-2023/01 du 19 décembre 2023, relatif aux diligences des établissements assujettis en matière de lutte contre le blanchiment de capitaux et le financement du terrorisme et de la prolifération, pris en application du règlement N°01/CEMAC/UMAC/CM du 11 avril 2016, portant prévention et répression du blanchiment des capitaux et du financement du terrorisme et de la prolifération.

A/ Les incriminations de LBC/FT

1/ Le blanchiment de capitaux

Constitue un blanchiment de capitaux, l'un des agissements énumérés ci-après, commis intentionnellement :

a) la conversion ou le transfert de biens, par toute personne qui sait que ces biens proviennent d'une activité criminelle ou d'une participation à une activité criminelle, dans le but de dissimuler ou de déguiser l'origine illicite desdits biens, ou d'aider toute personne impliquée dans cette activité à échapper aux conséquences juridiques de ses actes ;

b) la dissimulation ou le déguisement de la nature, de l'origine, de l'emplacement de la disposition, du mouvement ou de la propriété réelle des biens ou des droits y relatifs, par toute personne qui sait que ces biens proviennent d'une activité criminelle ou d'une participation à une activité criminelle ;

c) l'acquisition, la détention ou l'utilisation de biens, dont celui qui s'y livre, sait au moment où il les réceptionne, que ces biens proviennent d'une activité criminelle ou d'une participation à une activité criminelle ;

d) la participation à l'un des actes visés aux points (a), b) et c), le fait de s'associer pour le commettre, de tenter de le commettre, d'aider ou d'inciter quelqu'un à le commettre ou de le conseiller à cet effet, ou de faciliter l'exécution d'un tel acte.

Il y a blanchiment de capitaux, même si les activités qui sont à l'origine des biens à blanchir sont exercées sur le territoire d'un autre État membre ou celui d'un État tiers ou n'ont pas donné lieu à poursuite ni à condamnation dans cet État.

La connaissance ou l'intention, en tant qu'éléments des activités susmentionnées, peuvent être déduites de circonstances factuelles objectives. La preuve de la licéité de l'origine des biens en cause incombe à la personne poursuivie.

2/ Le financement du terrorisme

Le financement du terrorisme est fait pour toute personne physique ou morale, par quelque moyen que ce soit, directement ou indirectement, illicitement et délibérément, de fournir ou de réunir des fonds dans l'intention de les voir utilisés, ou en sachant qu'ils seront utilisés en tout ou partie, soit :

a) en vue de la commission d'un ou de plusieurs actes terroristes ;
b) en vue de la commission, par une organisation terroriste, d'un ou de plusieurs actes terroristes ;
c) en vue de la commission d'un ou de plusieurs actes terroristes, par un terroriste ou un groupe de terroristes ;
d) en vue d'apporter un soutien à un terroriste ou un groupe terroriste.

L'infraction de financement du terrorisme est établie et la sanction pénale encourue même si les actes terroristes projetés n'ont été ni tentés ni consommés, ou si les auteurs d'actes de financement du terrorisme résident sur un territoire différent de celui des auteurs d'actes de terrorisme. Elle est également constituée même si les fonds fournis ou réunis sont d'origine licite.

La volonté criminelle est déduite de circonstances factuelles objectives.

3/ La prolifération

La prolifération est tout acte destiné à fournir des fonds ou des services financiers qui sont utilisés en tout ou en partie pour fabriquer, se procurer, mettre au point, posséder, développer, exporter, transborder, transférer, pour le courtage, le stockage et l'utilisation d'armes nucléaires, chimiques ou biologiques et leurs vecteurs et éléments connexes en infraction des dispositions législatives nationales ou le cas échéant des obligations internationales.

B/ Les diligences des établissements de crédit vis-à-vis de la clientèle en matière de LBC/FT

1/ Connaissance des clients, des personnes agissant pour leur compte et des bénéficiaires effectifs (*KYC*)

Les établissements de crédit doivent établir et appliquer des politiques et des procédures claires d'acceptation des clients, afin de repérer les types de clients susceptibles de poser un risque de blanchiment de capitaux et de financement du terrorisme et de la prolifération compte tenu de leur profil de risque.

Ainsi, pour la détermination du profil de risque du client découlant de l'application de ces politiques et procédures d'acceptation des clients, les banques doivent considérer des facteurs pertinents, notamment les antécédents du client, sa profession (y compris des fonctions publiques ou médiatisées), la source de ses revenus et de son patrimoine, son pays d'origine et de résidence (s'ils sont différents), les produits utilisés, la nature et l'objet des comptes, les comptes liés, les activités commerciales et d'autres indicateurs de risques axés sur le client afin de déterminer le niveau de risque global et les mesures qu'il convient d'appliquer pour gérer ces risques.

En outre, les banques doivent établir une procédure systématique pour identifier leurs clients, vérifier leur identité et, le cas échéant, celle des personnes agissant pour leur compte et des bénéficiaires effectifs. En effet, avant d'entrer en relation d'affaires avec leur client ou de l'assister dans la préparation ou la réalisation d'une transaction, les établissements bancaires identifient leur client et, le cas échéant, le bénéficiaire effectif de la relation d'affaires, par des moyens adaptés, et vérifient les éléments d'identification sur présentation de tout document écrit probant.

Ci-dessous, quelques points d'attention en ce qui concerne les diligences des établissements de crédit en matière de LBC/FT, telles que prévues par le règlement COBAC R-2023/01 du 19 décembre 2023.

✓ ***Evaluation des risques de blanchiment de capitaux et de financement du terrorisme et application d'une approche basée sur les risques***

- Compréhension et évaluation des risques de blanchiment de capitaux et de financement du terrorisme et de la prolifération ;
- Gestion et atténuation des risques de blanchiment de capitaux et de financement du terrorisme et de la prolifération.

✓ ***Connaissance des clients, des personnes agissant pour leur compte et des bénéficiaires effectifs***

- Acceptation des clients - Identification des clients - Identification des bénéficiaires effectifs des clients personnes morales et constructions juridiques et des contrats d'assurance-vie ;
- Vigilance constante sur les clients, les personnes agissant pour leur compte et les bénéficiaires effectifs ;
- Conservation des documents relatifs à la connaissance des clients, des personnes agissant pour leur compte et des bénéficiaires effectifs.

✓ ***Vigilance renforcée dans les cas de clients et d'activités spécifiques***

- Clients et activités spécifiques ;
- Personnes Politiquement Exposées ;
- Correspondants bancaires transfrontaliers et autres relations similaires ;
- Nouveaux produits et utilisation des nouvelles technologies ;
- Virements électroniques de fonds ;
- Recours aux tiers ;
- Filiales et succursales à l'étranger ;
- Pays présentant un risque plus élevé ;
- Opérations spécifiques.

✓ ***Mesures de vigilance simplifiées a l'égard de la clientèle, dérogations et interdictions***

- Mesures de vigilance simplifiées à l'égard de la clientèle ;
- Dérogations aux mesures de vigilance pour certaines opérations ;
- Interdictions.

✓ ***Traitement des opérations des personnes inscrites sur des listes de sanctions financières ciblées***

- Déclaration des biens appartenant aux personnes inscrites sur des listes de sanctions financières ciblées ;
- Gel des fonds des personnes inscrites sur des listes de sanctions financières ciblées ;
- Traitement des relations d'affaires, personnes ou entités, inscrites sur des listes de sanctions financières ciblées ;
- Retrait des personnes des listes des sanctions financières ciblées, annulation ou suspension de la mesure de gel.

✓ ***Obligation de déclaration des transactions en espèces ou d'instruments négociables au porteur***

- Déclaration à l'ANIF des transactions en espèces d'un montant égal ou supérieur à cinq millions (5 000 000) FCFA : opération unique ou de plusieurs opérations qui apparaissent liées ;

- Exonération des opérations de dépôt d'espèces par une personne ou une entreprise dont la nature de l'activité nécessite l'usage d'un tel procédé ;
- Vigilance renforcée à l'égard des dépôts d'espèces en général ;
- Déclaration à l'ANIF de tout dépôt dont le montant, pour une opération unique ou pour plusieurs opérations paraissant liées, est inhabituel ou sans rapport avec l'activité en cause.

✓ ***Adéquation du dispositif de contrôle interne dans la prévention et la détection du risque de blanchiment de capitaux et de financement du terrorisme***

- Politiques, et procédures internes de lutte contre le blanchiment de capitaux et de financement du terrorisme ;
- Gouvernance du dispositif de prévention et de détection du risque de blanchiment de capitaux et de financement du terrorisme.

✓ ***Déclaration d'opérations suspectes***

- Correspondants de l'ANIF et de la COBAC ;
- Obligation de déclaration des opérations suspectes et opposition à l'exécution d'une opération ayant fait l'objet d'une déclaration d'opérations suspectes ;
- Forme et mode de transmission de la déclaration d'opérations suspectes à l'ANIF ;

- Confidentialité des déclarations d'opérations suspectes ;
- Exonération de responsabilité.

2/ Les mesures de vigilance supplémentaire dans le cas des clients et d'activités spécifiques

Les banques doivent apporter une vigilance renforcée pour l'identification des clients ne résidant pas dans l'espace communautaire. Elles doivent ainsi exiger une lettre de référence délivrée par leur banque dans leur pays de résidence. En outre, les établissements de crédit doivent exercer une vigilance renforcée à l'égard de certaines personnes, notamment les Organismes à But Non Lucratif (OBNL), ou lorsqu'ils nouent des relations d'affaires ou lorsqu'ils effectuent des transactions avec ou pour le compte des « Personnes Politiquement Exposées » (PPE).

3/ La déclaration d'opérations suspectes

Les banques communiquent à l'ANIF et à la COBAC l'identité de ses agents dûment habilités à faire la déclaration de soupçon, de répondre à toute demande émanant de l'ANIF ou de la COBAC, de recevoir les accusés de réception des déclarations faites et d'assurer la diffusion aux membres concernés du personnel, les informations, avis ou recommandations à caractère général en provenance de l'ANIF ou de la COBAC. Les personnes en charge de la déclaration d'opérations suspectes demeurent indépendantes à l'égard de leur hiérarchie professionnelle. A ce titre, elles doivent s'abstenir de révéler le contenu des déclarations d'opérations suspectes qu'elles adressent à l'ANIF.

La déclaration d'opérations suspectes porte sur les sommes inscrites dans leurs livres ou les opérations portant sur des sommes dont elles savent, soupçonnent ou ont de bonnes raisons de soupçonner qu'elles sont le produit de l'une des activités criminelles ou ont un rapport avec une infraction de blanchiment de capitaux, de financement du terrorisme et de la prolifération.

CONCLUSION

Les banques occupent une place de choix dans la structure de nos économies. Intermédiaires par excellence, elles mettent en relation les agents économiques avec des capacités de financement excédentaires et ceux qui ont besoin de financement. En plus de ce rôle traditionnel, les banques sont des acteurs majeurs des marchés de capitaux, dotées de plus en plus d'une ingénierie financière sophistiquée pour maîtriser leurs risques et rentabiliser leurs investissements. Aussi, de nos jours, le souci constant de satisfaire la clientèle conduit ces institutions à développer des services bancaires sur-mesure, innovants et révolutionnaires.

Cependant, comment pratiquer cette activité ? C'est à cette question que ce guide donne des réponses pour le cas du secteur bancaire de la CEMAC. A ce propos, ce guide répond aux préoccupations concrètes des professionnels de banques mais également celles des usagers de ces établissements, en tant que consommateurs des produits et services bancaires.

Cet ouvrage précise les règles relatives à l'accès et à l'exercice de l'activité bancaire en zone CEMAC. En particulier, les conditions d'agréments des acteurs de ce secteur ; le cadre de déploiement de leurs agréments ; le système de gouvernance ; le dispositif de contrôle interne au sein des établissements agréés ; la relation entre une banque et sa clientèle, ainsi que l'étendue de cette relation.

TABLE DES MATIERES

www.ingramcontent.com/pod-product-compliance
Lightning Source LLC
La Vergne TN
LVHW051018051026
849532LV00004BA/1270